당신은
영적 군사입니까

당신은 영적 군사입니까

1993년 11월 11일   초판 1쇄 발행
2014년 3월 31일   개정판 1쇄 발행
2014년 9월 10일   개정판 2쇄 발행

지은이 | 김남준
펴낸이 | 박영호
펴낸곳 | 도서출판 솔로몬

주소 | 서울시 동작구 사당로 155, 신주빌딩 B1
전화 | 599-1482
팩스 | 592-2104
직영서점 | 596-5225

등록일 | 1990년 7월 31일
등록번호 | 제 16-24호

2014 ⓒ 김남준
Korean Copyright ⓒ 2014
by Solomon Publishing Co., Seoul, Korea

ISBN 978-89-8255-518-3   03230

저작권법에 의하여 한국 내에서 보호를 받는 저작물이므로
무단전재와 복제를 금합니다.

당신은 영적 군사입니까

영적 삶을 위한 깊은 교훈과
강력한 도전의 음성을 듣다!

| 김남준 |

Put on the whole
armour of God

솔로몬

머리말

복음을 개념으로 이해하는 것과 영혼 깊은 곳의 체험으로 아는 것의 차이는 아름다운 숲 속을 그림으로 보는 것과 실제로 그 속을 거닐어 보는 것의 차이와 같습니다. 성경에 대한 박식한 지식은 그 풍경이 그려진 그림의 선을 또렷하게 해주고, 색깔을 선명하게 해주어 아름다운 영상을 분명히 보게 해줍니다. 그러나 아무리 훌륭한 묘사를 할지라도 복음을 그림으로 보는 것만으로는 우리의 삶이 풍성해질 수 없습니다. 성경의 진리를 깊이 깨닫고, 그 말씀의 숲 속에서 걸어 보는 것만큼 신앙을 견고하게 해주는 것은 없습니다.

복음에 대한 정확한 이해, 성경 말씀에 대한 사랑을 통해 성령의 손에 이끌려 그 숲 속에 들어섰을 때, 우리는 그 복음의 원시림에서 경외심에 사로잡힌 어린아이가 됩니다. 이전의 모든 교만은 파해지고, 우리 앞에 펼쳐진 끝없는 진리의 밀림을 인하여 우리는 입을 다물지 못하게 됩니다. 우리는 그 숲 속에서 흐르는 시냇물 소리와 그 작은 개울의 물살이 조약돌을 쓰다듬으며 지나가는 소리를 듣습니다. 산새들의 아름다운 노래 소리와 날개 터는 소리, 종류를 헤아릴 수 없는 수많은 새들의 합창 소리와 스치고 지나가는 감미로운 바람에 손 흔드는 잎새들의 소리를 듣습니다. 하늘을 찌를 듯이 솟아 있는 나무 수풀 사이를 비집고 지면에 피어오르는 안개를 가르면서 내리 비춰는 눈부신 아침 햇살과 그 햇살에 보석처럼 반짝이는 풀잎 끝에 달린 이슬들을 봅니다. 그리고 또….

우리는 이렇게 복음을 앎으로써 그 진리의 숲 속에서 주님의 음성을 듣습니다. 그분의 탄식과 소망을 아울러 들으며, 그분과 함께 슬퍼하고 기뻐합니다. 그리고 우리의 영혼은 그 숲 속에서 험악한 세상을 이길 힘을 하늘로부터 공급받습니다.

저는 큰 교회를 담임하고 있는 유력한 목회자도 아니고 알려진 설교가도 아닙니다. 다만 성경을 읽다가 복음을 깨달은 기쁨이 커 이 글을 쓰게 되었습니다. 몇 해 전 에베소서 마지막 부분을 읽어 가던 도중, 하나님께서는 깨닫지 못하기가 우매무지하여 짐승과 같은 인생(시 73:22)을 불쌍히 여기사, 눈을 열어 한없는 은혜로 장엄한 복음의 광맥과 만나게 하셨습니다. 섬기던 교회에서 이 말씀을 증거했고, 이어서 몇몇 교회에서 집회를 부탁받았을 때 설교하기도 했습니다.

에베소서 6:10절에서 17절까지 여덟 절의 말씀을 차례대로 주해하면서, 저는 우리의 영적 삶을 위한 깊은 교훈과 강력한 도전의 음성을 끌어내 보려고 했습니다. 그러나 저는 이 본문을 다루면서 광대한 복음 앞에서 저의 이해가 얼마나 천박한 수준에 머물러 있는가에 대해 깊이 고뇌하며 여러 날 밤을 보내야 했습니다. 우선 이 장엄한 여덟 절의 본문이 이렇게 작은 한 권의 책으로 다루어졌다는 사실부터가 본문에 대한 모독이 되지 않을까하는 우려가, 책이 출판되는 순간까지 제 마음에 부담이 됩니다. 저는 아직 이 본문의 장엄한 의미의 대문 앞에서 겨우 빗장을 열었을 뿐이라는 생각을 합니다. 여기에 적힌 내용은 그 빗장이 조금 열려 생겨난 작은 틈새로 들여다본 것들입니다. 외치는 자는 많건만 여전히 복음의 샘물을 그리워하는 이들과 그 목마름을 함께 하는 마음으로 이렇게 글로 펴냅니다.

하나님을 떠난 세상은 복음을 듣는 것 이외에는 소망이 없습니다. 교회가 하나님의 하나님 되심을 친히 드러내던 위대한 영적 부흥의 시기에는 이 복음의 진리를 도道의 초보로 여기지 않았습니다. 어린 아이나 노인이나, 연로한 사역자나 방금 믿은 어린 신자나 한결같이 그 복음의 샘에서 마셨습니다. 그리고 "엔학고레의 샘"(삿 15:19)에서 생수를 마시고 기운을 차린 삼손처럼 용사가 되어서 하나님의 영광을 위하여 싸우는 영적 군사가 되었습니다.

이 악한 날, 어둡고 패역한 시대를 고치기 위해서는 "제자가 되는 것"으로는 충분치 않습니다. 하나님을 떠나 마음이 부요해진 이 땅의 백성들을 깨워 구원의 주님 앞에 무릎을 꿇게 하고, 죄인들을 향한 하나님의 사랑을 인하여 찬양을 부르는 하늘나라의 백성들로 삼기 위해서는 강한 영적 군사들이 필요합니다. 영혼의 모든 시선을 오직 그리스도 한 분에게 고정시키고, 하나님 나라의 도래에 대하여 불타는 사모함으로 화살이 비오듯 쏟아지고 칼과 검이 맞부딪히는 살육의 전쟁터를 누벼, 악한 군대를 멸하기까지 싸울 수 있는 영적인 군사들이 필요합니다.

우리는 단지 눈물을 흘리며 위로만을 구하는 연약한 그리스도인들을 일깨워 성령으로 무장되도록 간구해야 합니다. 그리하여 그들이 흐르는 눈물을 닦고는 강철 같은 군사로 나아가 이 치열한 영적 전쟁터에서 승리의 깃발을 세울 수 있도록 하나님께 탄원해야 합니다. 참된 부흥을 소망하며 그리스도를 위한 강한 군사가 되기를 소원하는 모든 이들에게 이 글이 위로와 도전이 되기를 바랍니다.

이 글이 책으로 나오는 기쁨을 함께 나누고 싶은 사람들이 있습니다. 목요일 신앙 부흥 강좌에서 참된 부흥을 그리워하는 마음으로 저의 설교를 경청해 주고 있는 많은 성도들과 그 일을 도와 온 여러분과 늘 기도로 저를 후원해 주어 설교 사역에 힘이 되어 준 아내에게 머리말을 빌어 감사를 표합니다.

이 책을 출판함에 있어서 여러 가지 일로 나의 손발이 되어 준 김승기 형제와 대학원에 다니며 바쁜 중에도 설교 원고를 귀하게 생각하며 정리해서 이렇게 책으로 나오도록 도와 준 진광희 자매에게도 고마운 마음을 전합니다.

1993. 10. 22
김남준

차 례

Put on the whole armour of God

머리말

1. 강한 군사 … 11
2. 마귀의 간계를 대적하라 … 55
3. 하나님의 전신갑주를 입으라 … 79
4. 진리의 허리띠 … 121
5. 의의 호심경 … 139
6. 복음의 신발 … 157
7. 믿음의 방패 … 185
8. 구원의 투구 … 211
9. 말씀의 검 … 221

에베소서 6장 10-17절

¹⁰끝으로 너희가 주 안에서와 그 힘의 능력으로 강건하여지고
¹¹마귀의 간계를 능히 대적하기 위하여
하나님의 전신 갑주를 입으라
¹²우리의 씨름은 혈과 육을 상대하는 것이 아니요
통치자들과 권세들과 이 어둠의 세상 주관자들과
하늘에 있는 악의 영들을 상대함이라
¹³그러므로 하나님의 전신 갑주를 취하라 이는 악한 날에
너희가 능히 대적하고 모든 일을 행한 후에 서기 위함이라
¹⁴그런즉 서서 진리로 너희 허리 띠를 띠고 의의 호심경을 붙이고
¹⁵평안의 복음이 준비한 것으로 신을 신고
¹⁶모든 것 위에 믿음의 방패를 가지고
이로써 능히 악한 자의 모든 불화살을 소멸하고
¹⁷구원의 투구와 성령의 검 곧 하나님의 말씀을 가지라.

1장

강한 군사

Put on the whole armour of God

"끝으로 너희가
주 안에서와 그 힘의 능력으로
강건하여지고"(10절).

1 강한 군사

본문은 에베소서의 결론 중 첫 부분입니다. 오늘 사도로부터 편지를 받고 있는 에베소 교회는 사도 바울이 전도 여행을 통하여 친히 3년 간이나 몸소 머물며 세운 교회였습니다. 이 편지를 쓸 때 사도는 로마의 옥중에서 죄수로 갇혀 있었으므로 사랑하는 에베소 교회 성도들을 직접 만나서 가르칠 수가 없었습니다. 이 교회는 아시아에 있는 교회로서 그 지역의 다른 교회들처럼 유대인과 이방인들이 섞여 있었습니다. 뿐만 아니라 이러한 교회들은 당시 위험한 이단 사상에 노출되어 있었기 때문에 옥중에서도 바울은 이 교회를 위해서 많이 기도했고, 그들의 형편을 염려하는 가운데 복음의 진리를 깊이 묵상할 수 있었습니다.

이러한 가운데 바울은 성도들에게 주어진 하나님의 축복과 교회의 비밀에 대하여 더 깊은 진리들을 깨닫게 된 것 같습니다. 그는 이것들을 교회에 적어 보냄으로써 하나님의 교회를 복음의 진리 위에 더 온전히 서도록 돕고, 에베소 교회의 성도들을 예수 그리스도의 복음 안에 견고하게 세워 주고 싶었던 것입니다. 교회를 참으로 교회 되게 하는 일은 진리를 통해서 이루어짐을 보여주는 것입니다.

우리는 너무나 자주 이 같은 단순한 신앙의 원리를 잊어버립니다. 우리는 너무나 자주 현재 교회가 놓인 상황의 특수성만을 강조하는 데 몰두한 나머지, 이 모든 교회의 문제들을 다루어 줄 수 있는 일반적인 원리들을 성경 속에서 발견하고 그것을 통해서 우리 앞에 놓인 상황을 보려는 노력을 소홀히 하기가 일쑤입니다. 사람들은 오늘날 우리가 겪고 있는 교회적인 상황과 영적인 형편은 너무나 고유하므로, 다른 시대엔 이와 유사한 일이 거의 없었던 것처럼 생각합니다. 그래서 우리는 교회의 역사를 살피거나, 성경 속에 나타난 일반적인 신앙의 원리를 찾아 우리의 상황을 타개해 가는 일에 대한 도전을 잃어버리고 있습니다.

그러나 오늘날 우리 앞에 펼쳐진 세상과 교회를 보십시오. 무엇이 달라졌습니까? 교회는 여전히 하나님께서 그리스도의 피값으로 사서 세상 속에 세우신 구원의 기관이고, 세상은 여전히 구원받아야 할 죄인들로 가득 차 있어서 교회의 도움을 필요로 하고 있습니다. 교회의 영적인 형편은 예전과 같지 않고, 세상은 전에 없이 발달한 문명의 혜택을 누리며 살고 있습니다. 인지(人智)는 발달해서 과학의 첨단 시대를 구가하고 있습니다. 그러나 그것이 세상과 교회, 교회와 하나님의 관계에 무슨 변화를 가져왔습니까? 세상은 여전히 기독교의 복음을 필요로 하는 죄인들로 가득 차 있고, 교회로부터 복음을 전파받지 못한다면 그 세상은 여전히 하나님의 심판을 받을 것입니다. 사람들의 육신을 위하는 생활은 시대가 변천함에 따라 달라져도, 하나님께서 세상으로부터 그리스도인들을 불러내신 목적은 동일합니다.

에베소서의 이 마지막 장은 오늘날 그리스도인들 속에서 잊혀져 가는 한 원리로 우리를 부르고 있습니다. 그것은 그리스도인의 삶이 본질적으로 영적인 전쟁이라는 것입니다. 그런 의미에서 우리 앞에 펼쳐진 에베소서 6장의 본문을 주신 하나님께 감사합니다. 왜냐하면 이것을 깊이 연구함으로써 우리는 전율어린 각성을 하게 되고, 이러한 각성은 우리로 하여금 그리스도인과 교회의 잃어버린 영적 능력의 회복을 갈망하게 만들어 줄 것이기 때문입니다.

사도는 에베소서 1장부터 3장까지에서 교회와 복음의 광대함을 감격에 찬 어조로 말한 다음, 4장부터 6장에서는 교회 안에 거하는 성도들의 삶이 어떠해야 할 것을 말하고 있습니다. 제가 살피려는 본문은 바로 이러한 내용을 다루고 있는 서신서 전·후반부의 모든 결론 부분입니다. 이 시간에는 먼저 에베소서 6:10절 "끝으로 너희가 주 안에서와 그 힘의 능력으로 강건하여지고"라고 기록된 말씀을 본문을 따라 차례대로 살펴봄으로써 교회와 그리스도인의 삶의 본질에 대한 하나님의 시각을 나누고자 합니다.

끝으로…

사도는 이 구절을 "끝으로…"라는 말로 시작함으로써 이후의 말씀들이 이 서신의 결론임을 암시하고 있습니다. 이 말은 "마지막으로 말하건데…"라는 정도의 뜻일 것입니다. 그렇다면 무엇의 마지막이라는 말입니까? 우리는 이 본문은 읽기에 앞서 사도가 무엇을 말하다가 이렇게 영적인 싸움을 언급하게 되었는지를 기억할 필요가 있습니다. 사도는 본문의 바로 앞부분인 에베소서 5장과 6장에서 여러 관계 속에서 살아가는 그리스도인의 삶에 대하여 교훈하고 있습니다. 남편과 아내, 곧 교회와 그리스도에 대한 교훈(5:22-33), 부모와 자녀 관계에 대한 교훈(6:1-4), 상전과 종의 관계에 대한 교훈(5-9) 등이 바로 그것입니다. 사도는 이러한 관계에서 성도들이 어떻게 살아야 할 것인지를 보여준 후에 마지막으로 장엄한 결론을 도입하기 위하여 "끝으로…"라는 말을 하고 있습니다. 이것의 의미가 무엇입니까? 사도가 왜 성도의 실제적인 생활과 실천적인 삶을 이야기한 후에 "끝으로"라고 말하고 있는 것입니까?

그것은 이런 관계들 속에서 우리가 최선을 다하여 주님의 교훈을 따라 생활하도록 노력해야 하겠지만, 그것은 단순히 인격과 자기 훈련으로 해결될 문제만은 아님을 보여주는 것입니다. 부모에게 순종하고 자녀를 노엽게 하지 않으려고 애를 써 보지만 점점 소원해지는 부모와 자식들의 관계에서도 필요한 것은 성령의 능력을 힘입어 온전한 관계가 되지 못하게 하는 마귀와의 싸움에서 이겨야 한다는 것입니다. 남편에게 순종하려고 마음을 먹어도 도무지 순종하지 못하도록 아내의 마음을 충동질하는 것, 아내를 사랑하고자 해도 미움과 원망이 뭉게구름처럼 피어올라 도무지 사랑할 수 없게 하는 것, 이 모든 것들의 궁극적인 원인은 영적인 싸움에서의 실패 때문임을 드러내 줌으로써, 그리스도인들이 성령의 능력 안에서 살아가는 것이 얼마나 절실한 것인지를 보여주고 싶었던 것입니다.

너희가…

기독교의 영광스러운 교리와 거룩한 교회와 성도의 삶에 대해 말한 후 사도가 "끝으로…"라고 말한 다음에 보여주는 그림이 무엇입니까? 그것은 바로 영적 전쟁입니다. 우리는 이 서신 10절 이후의 끝부분을 읽으면서 갑작스러운 긴장으로 손에 땀을 쥐게 하는 섬뜩함을 느끼지 않을 수 없습니다.

왜냐하면 거기에는 우리 육신의 눈으로는 볼 수 없는 영적 세계의 보이지 않는 전쟁의 그림이 그려져 있기 때문입니다. 하나님의 군사들이 간계를 일삼는 마귀와 "통치자들과 권세들과 이 어둠의 세상 주관자들과 하늘에 있는 악의 영들"(6:12)과 싸우는 피비린내 나는 전투가 그려져 있기 때문입니다. 그것은 죽기를 각오하고 싸우는 그리스도의 군사들과 사탄의 왕국을 위하여 헌신된 악한 영들 사이의 싸움입니다. 곳곳에 시체가 널려 있고, 전장戰場을 휩쓴 격렬한 전투로 유혈이 낭자하게 된 싸움터를 보여주는 것입니다.

이 부분을 묵상할 때 손에 땀을 쥐지 않을 수 없는 것은 저와 여러분이 바로 이 싸움터로 부르심을 받고 있기 때문입니다. 그렇습니다. 이 피비린내 나는 격전지는 영화나 드라마의 한 장면이 아니며, 감상하기 위한 연극의 한 막이 아닙니다. 이 치열한 격전지는 바로 여러분이 서 있는 삶의 현장이고 교회의 보이지 않는 영적 현실임을 기억해야 합니다.

사도는 우리에게 "…강건하여지고"라고 말합니다. 즉 우리에게 강하게 되라고 말합니다. 그리스도인의 삶의 본질이 영적인 전쟁임을 보이기에 앞서서 우리에게 "…강건하여지라"고 명령합니다. 힘이 강한 군대에게 있어서 전쟁은 그리 두려운 것이 아닙니다. 더욱이 힘의 절대적인 우위를 지키고 있는 군대들에게 열세한 군대와 더불어 싸움을 하라고 하는 것은 항상 해볼 만한 일인 것입니다. 사도는 우리에게 먼저 강건하여지라고 말합니다.

이 말은 먼저 그리스도인들이 약해질 수 있다는 것을 보여줍니다. 구원받았다는 이유 하나로 언제나 강한 군사로 있는 것이 아님을 보여줍니다. 다시 말해서, 그리스도인에게도 강하여지는 것은 항상 도전받아야 할 일이라는 것입니다. 사도가 에베소 교회의 그리스도인들에게 이처럼 "강하여지라"고 다급히 명령하는 것을 보면, 오히려 약함에 떨어지기 쉬운 것이 그리스도인들의 일반적인 모습임을 깨닫게 됩니다. 우리의 영적인 형편도 동일하게 이 같은 명령을 필요로 하고 있지 않습니까? 그러면 사도가 강하여지라고 명령하고 있는 사람들이 누구일까요?

우리는 사도가 그렇게 마귀와 싸우도록 강하여져야 할 사람들이 "너희…"라고 말하는 것에 주목할 필요가 있습니다. 그는 에베소에서 설교하는 목사들을 향해서만 강하여지라고 말하고 있지 않습니다. 교회에서 기름 부어 세운 장로들에게만 강하여지라고 명령하지 않습니다. 장성하여 그리스도의 분량까지 성숙한 자들에게만 강하여지라고 말하고 있지 않음을 기억하시기 바랍니다.

사도로부터 악한 마귀들과의 싸움을 위하여 강하여지기를 명령받고 있는 사람들은 "너희…"였습니다. 곧 에베소 교회의 모든 성도들이었습니다. 오늘날 우리는 성경에 나타난 많은 명령들을 대할 때 나를 제외한 특별한 계층의 사람들에게 주어진 것이라는 생각을 하는 경향이 있습니다. 물론 성경이 종종 교회에서 특별한 직분을 맡은 자들에게 주는 별다른 권면이나 경고를 담고 있는 것은 사실입니다. 그러나 제가 여기에서 지적하는 내용은 이와는 다른 것입니다. 우리는 그리스도인의 삶을 너무나 안일하게 생각하고 있습니다. 성경은 보다 많은 곳에서 모든 그리스도인들을 대상으로 명령하고 있습니다.

이 서신서 맨 첫머리에서 사도는 이렇게 말합니다. "하나님의 뜻으로 말미암아 그리스도 예수의 사도 된 바울은 에베소에 있는 성도들과 그리스도 예수 안에 있는 신실한 자들에게 편지하노니"(엡 1:1). 바울의 편지를 받고 있는 사람들은 에베소에 있는 그리스도인들이었습니다. 그리스도 안에 있는 믿음을 가진 성도들에게 보내는 것이었습니다. 사도는 에베소 교회의 평범한 그리스도인들을 향해 강하여지라고 명령하고 있는 것입니다. 그들이 영적인 전쟁으로 부르심을 받았으니, 이 치열한 영적 전투에서 이기도록 "강건하여지라"고 명령하고 있는 것입니다. 에베소에 있는 모든 그리스도인들을 영적 군사로 불러내고 있는 사도 바울의 이 영광스러운 서신을 통해서, 지금 이 시간에 그리스도께서는 동일하게 여러분을 계속되는 이 영적인 전쟁터에 에베소 교회 성도들의 후배 군사로서 부르고 계십니다.

평화peace에는 두 가지가 있습니다. 하나는 항복으로 말미암는 평화이고, 또 하나는 승리로 말미암는 평화입니다. 여러분은 월남이 패망한 후 얼마 되지 않아 공산화된 캄보디아의 비극을 알고 계실 것입니다. 저는 월남과 캄보디아가 패망하던 날의 뉴스 속보를 지금도 생생하게 기억합니다.

지금으로부터 약 40여 년 전의 일입니다. 캄보디아를 공산화하려는 반란 공산군과 민주 정부를 수호하려는 정부군 사이에 지루하고 끝없는 전쟁이 계속되었습니다. 수없는 국민들이 이 전선 없는 싸움 속에서 죽어 갔습니다. 점점 공산 반란군의 세력이 강해졌습니다. 우방의 지원을 받던 정부군은 안간힘을 다하여 싸웠습니다. 그러나 그들의 민주 사회는 부패했고, 정치 지도자들은 타락했습니다. 그럼에도 불구하고 그들은 자신들의 정부를 지키기 위하여 싸웠습니다. 그들이 민주주의를 위하여 싸우고 있는 한, 그 땅에는 평화가 없었습니다. 끊임없는 싸움이 계속되었고, 병사들은 죽어 갔습니다. 그러나 언젠가 갑자기 포성이 그치고 공습을 알리는 경보도 멎었습니다. 캄보디아는 잠시 총성이 들리지 않는 평화로운 곳이 되었습니다. 민주 정부를 위하여 싸우던 군사들이 항복했기 때문입니다.

여러분이 자신과 교회의 영권에 도전해 오는 마귀의 세력들과 싸우려고 결심해 보십시오. 그들과 더불어 싸우려고 몸부림치면 칠수록 여러분의 삶은 더욱 긴장과 도전의 연속이 될 것입니다. 그러나 여러분이 이처럼 싸우기를 포기해 보십시오. 잠시 평화가 올 것입니다. 여러분의 삶 속에서 긴장이 사라지고, 어떤 평온함마저 깃드는 것을 느끼시게 될 것입니다.

그러나 기억하십시오. 그 평화는 거짓 평화입니다. 캄보디아에 전쟁이 그치고 수도 프놈펜에 공산군이 깃발을 나부끼며 입성할 때는 온 도시가 경축에 휩싸인 분위기였습니다. 잠시 동안 온 도시에는 일찍이 없던 평화가 깃들였습니다. 그러나 여러분, 그 잠깐 동안의 평화 뒤에 어떤 일이 벌어졌는지 아십니까? 인류 역사에 또다시 되풀이되어서는 안 될 끔찍한 만행이 캄보디아 땅에서 저질러졌습니다. 이미 공산군에게 투항한 군인들과 처음부터 공산군에게 부역하지 않은 항복한 민간인들에 대하여 전대미문의 잔인한 대학살이 자행되었습니다.

머리통에 총을 난사하여 죽이는 살인극이 길거리에서 벌어졌는데, 여기에 사형 집행자로 등장한 총잡이들은 열두 세 살 가량 되는 초등학교 학생들이었습니다. 산 사람들이 땅에 묻혀 죽임을 당하는가 하면, 나중에는 그것도 낭비라고 주장하는 자들에 의해 비닐 봉지를 얼굴에 쓴 채 죽임을 당했습니다. 이것이 바로 항복한 군사들의 말로였습니다.

우리를 둘러싸고 있는 "통치자들과 권세들과 이 어둠의 세상 주관자들과 하늘에 있는 악의 영들"(6:12)은 사탄을 우두머리로 하여 모인 졸개들입니다. 오늘날 그리스도인들은 영적인 세계의 실재에 대해서 잘 믿으려 들지 않습니다. 교리적으로 믿기는 해도 그것을 심각하게 느끼는 사람들이 오히려 이상한 사람들로 오해받곤 합니다. 오늘날 우리나라 교회의 강단에서도 "사탄, 마귀, 귀신, 영적인 싸움 그리고 악령들의 지옥…" 등과 같은 이야기는 왠지 확신 있게 설교되고 있지 않습니다. 이러한 원색적인 발언은 과학의 시대를 살아가는 현대인의 지성에 거슬리는 것으로 받아들여지고 있습니다. 확신하건대, 우리의 영원한 대적 사탄은 이 같은 교회의 현실을 보면서 회심의 미소를 짓고 있을 것입니다. 그러나 성경은 분명히 말합니다. "우리의 씨름은 혈과 육을 상대하는 것이 아니요 통치자들과 권세들과 이 어둠의 세상 주관자들과 하늘에 있는 악의 영들을 상대함이라"(6:12). 캄보디아의 공산주의자들이 아무리 잔악무도하더라도, 그것은 이 마귀들의 잔악함에 비하면 그림자일 뿐입니다.

사랑하는 형제 자매들이여! 내가 오늘 그리스도의 이름으로 여러분에게 촉구합니다. 오늘날 이 말씀 앞에서 여러분의 길을 택하십시오. 잠시 누리는 평화를 위하여 여러분을 둘러싼 악한 세력들과의 싸움을 그만두고 항복하시겠습니까? 눈을 떠서 여러분을 향해 집요하게 도전해 오고 있는 영적인 세력들을 보십시오. 그들은 단지 여러분이 그리스도의 군사로서 싸움을 그치고 항복하는 것으로 만족하지 않습니다. 여러분을 향한 마귀의 소망은, 여러분이 그리스도의 군대에서 탈영하여 사탄의 군대를 돕는 자가 되도록 만드는 것입니다. 성도들에게 약속된 "하늘에 속한 모든 신령한 복"(1:3)을 이 땅에서 누리지 못하게 하고, 오히려 피로 값 주고 사신 그리스도의 지체를 죄의 병기로 드리도록 만드는 것입니다.

강건하여지고…

주님은 우리 모두가 마귀와의 싸움에 부름받은 군사로서

강하여지기를 원하고 계십니다. "끝으로 너희가…강건하여지고…" 말씀을 전하는 사람들이나 듣는 사람들이나, 장성한 어른이나 어린 그리스도인이나 모두 강하여지라고 말씀하고 있습니다. 하나님의 나라를 위하여 에베소의 그리스도인들을 영적인 군사로 부르시던 주님은 지금 이 시대의 교회와 여러분의 영적인 삶에 "우는 사자 같이"(벧전 5:8) 도전해 오는 마귀를 대항해서 싸우도록 우리의 이름을 부르고 계십니다.

우리를 이 싸움터로 부르시는 분은 하나님의 아들 그리스도이십니다. 마귀는 이미 무너져 버린 왕국을 위하여 패할 수밖에 없는 싸움을 싸우는 자들이지만, 우리는 이미 승리한 하나님의 나라를 위하여 부르심을 받고 있습니다. 우리의 대장은 그리스도이십니다. 그분은 이미 부활로써 사탄의 권세를 꺾고 승리하신 분입니다. 그분이 이제 마지막으로 얼마 남지 않은 사탄의 잔당들을 토벌하기 위하여 우리를 군사로 부르고 계십니다.

오늘날 우리는 이 말씀 앞에서 결단해야 합니다. 사망을 예고하는 잠시의 평화를 위하여 부끄럽게도 이미 이기기로 약속된 마귀의 세력들에게 투항하시겠습니까? 아니면 그리스도의 나팔 소리를 들으며 나부끼는 십자가의 깃발 아래에 강한 군사로 모이시겠습니까? 그리스도인들에게 있어서 이것은 실로 피할 수 없는 부르심임을 기억해야 합니다. 그리스도인이 되었다는 사실 자체가 이미 우리의 신분을 그리스도를 사령관으로 하는 영적인 군대의 병적 기록부에 등록하는 것입니다. 그리고 우리의 싸움을 다 마치고 주께서 우리의 영혼을 부르시는 그날, 하늘나라에서는 하나님께서 우리 각자의 그 전투 기록을 토대로 상급을 주실 것입니다.

우리 모든 그리스도인들은 천국의 시민권을 가진 하나님 나라의 백성일 뿐만 아니라, 동시에 주님의 나라를 위하여 싸우는 영적 군사입니다. 그러므로 우리가 매주일 은혜로운 말씀과 섬김으로 함께 모여 주님의 이름을 경배하는 지역 교회는 천국으로부터 파견된 전투 사령부입니다. 이곳에서 우리는 매주일 하나님의 나라를 위한 영적 전쟁에 참전했던 한 주간의 삶을 하나님께 보고합니다. 때로는 감사함으로, 때로는 뉘우침으로 말입니다. 그러고는 예배를 통하여 우리는 전상戰傷의 치유함을 받고 천국으로부터 공급받는 영적 싸움을 위한 각종 병기로 무장합니다. 의심하던 마음을 구원의 확신을 가진 투구로 무장하고, 의의 호심경으로 가슴을 보호하는 군장을 합니다.

땅 끝까지 걸어가도 피곤치 않을 좋은 복음의 신발을 공급받고, 또한 적군의 공격에 쉽게 노출되던 우리의 몸을 보호할 수 있는 믿음의 방패를 지급받기도 합니다. 어떠한 적군의 출현에도 기민하게 대응할 수 있는 진리의 띠로 우리의 허리를 동이게 되는 곳도 바로 교회입니다. 그것은 하나님께 드리는 예배 시간을 통해서 이루어집니다. 그러므로 그리스도인들에게 하나님의 나라를 위한 전투적인 영적 군사로서 무장하는 데 있어서도 예배는 너무나 중요한 것입니다. 위대한 영적 부흥이 있었던 때마다 예배는 단지 형식과 침묵의 시간일 수 없었던 것도 바로 이 때문이었습니다. 이 시간은 천국의 병기고가 열리는 시간이었습니다. 이때 그리스도인들은 이 세상에서의 안일한 축복이 아니라, 천국의 무기고로부터 주어지는 병기들을 사모했습니다. 왜냐하면 그들은 자신들이 매일매일 마음 놓을 수 없는 영적 전선戰線으로 부름 받고 있음을 느꼈기 때문입니다. 그들의 삶은 전투적이었고, 그들의 마음은 그 무엇보다도 영적인 전쟁에서 승리하기를 원하는 갈망으로 불타오르고 있었기 때문입니다. 영적 전쟁에서 낙오되었던 자들은 이 싸움의 최고 사령관이신 그리스도 앞에서 한없는 뉘우침으로 용서를 구한 후에 다시금 불굴의 용사들로 회심했습니다.

요즘 교회의 주일예배나 수요예배 또는 공예배 때는 항상 교회의 직분자들이 교인을 대표해서 기도하는 순서가 있습니다. 저는 대체적으로 그 기도하는 내용에 대해 어떤 깊은 안타까움을 느낄 때가 많습니다. "사랑하는 아버지, 지난 일주일 동안도 죄 많은 세상에서 이 모양 저 모양으로 범죄하다가 이렇게 교회당에 나아왔습니다. 우리는 아무 힘도 없고 연약합니다. 오늘도 우리가 이 세상에서 상하고 지친 심령으로 나아왔습니다. 우리의 상처를 치료하시고 상한 마음을 새롭게 해주시기를 비옵나이다…우리는 앞으로 한 주간도 세상에서 승리하며 살 수가 없습니다. 도와주시옵소서" 등등의 내용으로 올리는 대표 기도 말입니다.

기도하는 내용 자체에는 전혀 문제가 없습니다. 하나님 외에 우리가 누구 앞에서 이런 내용의 연약함을 호소할 수 있겠습니까? 우리는 이 죄 많은 세상에서 자주 실패하고 넘어집니다. 그리고 때로는 이 세상으로부터 혹은 자기 자신의 죄로 말미암아 상처난 심령이 될 때도 있습니다. 또한 그때마다 우리는 그러한 아픔과 상처에서 우리를 고쳐 주실 이가 오직 하나님 한 분밖에 없다는 것도 믿습니다. 이것이 모두 우리의 신앙입니다. 그러나 문제는 이러한 기도의 패턴이 일 년 내내 거의 변함이 없다는 것입니다.

우리는 매주 그럴 수는 없어도 가끔은 이런 기도를 드릴 수 있어야 하지 않겠습니까?

"하나님, 감사합니다. 지난 한 주간 동안도 주님이 주신 은혜를 따라서 선한 싸움을 싸우고 왔습니다. 우리는 아무런 힘도 없고 능력도 없지만, 주님이 주신 각종 무기들을 가지고 한 주간 동안 승리할 수 있었습니다. 지난 주간에 주신 무기들을 가지고 저희는 영적 전쟁이 가장 치열한 전선으로 자원하여 참전했습니다. 그리고 최선을 다하여 싸웠습니다. 적진 깊숙이 침투해서 적의 진지를 폭파하고 부대를 급습했습니다. 그리고 여러 시설을 폭파하고 적군을 사살했으며, 투항하는 적군의 부역자들을 십수 명이나 포로로 잡아 가지고 왔습니다. 하나님, 저기를 보십시오. 오늘 새신자석에서 고개를 숙인 채 참회의 기도를 드리고 있는 저 무리가 바로 이번 주간에 주께서 제 손에 붙이사 포로로 데리고 온 사람들입니다. 이제 저 사람들에게도 말씀과 성령을 주셔서 새로운 군대로 편입시켜 주시옵소서. 이상 영적 전쟁에서의 한 주간의 전과戰果를 보고드렸습니다. 이 모든 승리는 오직 주님이 우리에게 주셨습니다. 하오나 주님, 영적 군사인 저희들의 모습을 보십시오. 지난 주간에 새로 신고 나간 군화는 산 넘고 물 건너 빈들과 적진을 누비느라고 너덜너덜한 장화가 되어 버렸고, 투구는 비오듯 날아든 적군의 탄환으로 이리저리 찌그러져 밤송이처럼 되어 버렸으며, 방패에는 수많은 적군의 화살들이 꽂혀 있지 않습니까? 여러 명의 적군의 목을 벤 칼은 날이 무디어졌고, 튼튼하던 호심경은 포탄의 파편으로 이렇게 중고품이 되었습니다. 하나님, 이 예배 시간에 하늘을 여시옵소서. 천국의 병기고를 활짝 여시고 새로운 병기와 전투 장비들을 공급하여 주시옵소서. 다시 오는 한 주간 동안도 또다시 치열한 전쟁에서 승리한 후 다음 주일 빛나는 전과를 보고 드리겠사옵나이다."

이 땅에서의 우리의 삶은 바로 이러한 영적 전쟁 속에서 살아가는 것입니다. 우리는 늘 천국의 생명책에 자신의 이름이 기록된 것은 자랑스러워하지만, 자신의 또 다른 신분은 자주 잊곤 합니다. 그것은 곧 하나님 나라의 군사로서의 신분입니다. 그러므로 천국의 생명책과 함께 우리가 기억해야 할 또 하나의 책이 있습니다. 그것은 천국의 병적 기록부입니다. 만약 우리의 삶이 늘 전투적인 자세로 영적 전쟁에서 이기는 삶이라면, 그 때마다 그 병적 기록부에는 자랑스러운 승리의 전적들이 기록될 것입니다. 그리고 마지막 날에 그 모든 기록들은 하늘나라의 훈장으로 갚아질 것입니다.

그러나 도무지 영적인 싸움을 싸우고자 하지 않던 사람들과 죄 가운데 늘 패배한 채로 살아가는 사람들의 병적 기록부에는 이런 내용들이 가득 차 있을 것입니다.

이름 : 아무개

- 어느 해, 어느 달에 무슨 부대로 배속되었으나, 곧 적군에게 투항함
- 항복한 후 그 대가로 목숨을 건져 적지에서 부역하며 몇 년 동안 편하게 지냄
- 적군과 교전하던 중 총격이 두려워서 탈영함

오늘날 우리의 영적인 삶은 너무나 안일합니다. 여러분의 이름이 천국의 생명책에 기록된 것만을 다행스러워하지 마시기 바랍니다. 그 날에 이르기까지 우리의 이름은 이 땅에서 마땅히 그리스도의 군사로서 기록되어 있음을 기억해야 합니

다. 이 땅에서의 우리의 삶이 이 피할 수 없는 전쟁에서 끊임없이 지기만 하는 패배로 일관된 삶이었다면, 하늘나라 문턱에서 주님이 우리를 "이 땅에서 하나님의 나라를 위해 싸우다 온 영적 군사 아무개"라고 불러 주실 때 우리는 얼마나 부끄러울까요? 하나님의 나라에 이르기까지 계속될 이 영적 전쟁에서 '승리'라는 한 단어보다 더 귀한 것은 없습니다. 우리가 강한 군사가 되지 않으면 안 되는 이유도 여기에 있는 것입니다. 강한 군대만이 승리를 쟁취할 수 있기 때문입니다.

강한 군사가 되는 비결

사도는 오늘 본문에서 우리에게 강한 군사가 되는 비결을 말해 줍니다. "끝으로 너희가 주 안에서와 그 힘의 능력으로 강건하여지고" 즉, 본문은 우리에게 강한 군사가 되라고 말합니다. 그러면서 그런 영적 싸움에 적합한 강한 군사가 되는 방법에 대해서도 말해 줍니다.

일반적으로 사람들은 강한 군인에 대해서 세 가지를 말합니다. 훈련된 군인, 현대화된 병기, 불타는 군인 정신이 그것입니다. 세상의 군대가 강해지기 위해서는 고도의 군사 훈련을 받아야 하고, 발달된 신무기들로 무장하고 있어야 하며, 싸우고자 하는 전투 정신이 충일充溢해야 한다는 것입니다. 나라마다 자기들의 군대를 강한 군대로 만드는 비결을 가지고 있습니다. 물론 하나님의 나라에서도 자신의 군사들을 강한 군사로 만드는 방법을 가지고 있습니다. 사도는 그 방법을 총체적으로, 간단하게 말해 줍니다. "주 안에서와 그 힘의 능력으로…" 헬라어 원문은 이 부분을 이렇게 적고 있습니다. "(너희는) 주 안에서와 그의 힘의 능력 안에서 (강하여지라)." 일반적으로 우리의 삶은 실로 능력 있는 군사로 싸워 승리의 기쁨을 누리기보다는, 지치고 상처받은 패한 자의 모습으로 나타나기 일쑤입니다. 따라서 강한 군사가 되는 비결을 알려 주는 이 말씀은 우리 그리스도인들을 향한 보석과 같은 말씀이 아닐 수 없습니다. "주 안에서와 그 힘의 능력으로 강건하여지라"는 이 짧은 말씀 속에서, 주님은 우리에게 강한 군사가 되는 비결을 알려 주십니다.

주 안에서와…

사도는 우리가 온갖 연약함을 딛고 감히 마귀와 싸울 강한 군사로 나아가기를 원하는 여러분에게 강한 군사가 되기 위한 첫 번째 비결을 제시해 줍니다. 사도는 먼저 "주 안에서…"라고 말합니다. 우리가 강하여지는 것은 "주 안에서"in Lord라는 것입니다. 그리고 이어서 "그의 힘의 능력 안에서…" 라고 말합니다. 따라서 우리가 강하여지는 것은 또한 주님의 힘의 능력 안에서라는 것입니다. 우선 강한 군사가 되기 위한 첫 번째 비결로서 "주 안에서…"라는 말이 주는 의미와 도전에 대해 살펴보겠습니다.

사도는 우리가 강한 군사가 되는 것은 먼저 우리가 무엇을 갖추는 것이라고 말하지 않습니다. 사도는 우리에게 강한 군사가 되기 위하여 이것도 하고 저것도 하라고 말하는 대신에 우리에게 강하여지는 것은 우리가 주님 안에 거할 때 되는 일이라고 말해 줍니다.

"주 안에서…"라는 말은 신약 성경이 들려주는 가장 의미 있는 말씀입니다. 우리가 강하여지는 것은 "주 안에서"입니다. 주님 안에서 우리는 강하여지는 것입니다. 무엇보다 우리는 이미 그리스도 안에 있는 사람들입니다. 왜냐하면 구원받은 신자들 속에는 그리스도께서 계시기 때문입니다. 그분이 우리 가운데 살아 계셔서 우리의 삶을 인도하십니다. 그래서 우리는 사도와 함께 이렇게 고백하는 것입니다. "내가 그리스도와 함께 십자가에 못 박혔나니 그런즉 이제는 내가 사는 것이 아니요 오직 내 안에 그리스도께서 사시는 것이라…"(갈 2:20).

그렇습니다. 이 말씀도 그리스도를 이미 영접한 우리의 영혼의 형편을 가리키는 것입니다. 구원받은 하나님의 자녀들은 이미 그리스도와 함께 십자가에 못 박힌 사람들입니다(갈 5:24). 그들 속에는 그리스도께서 살아 계십니다. 그리스도는 우리 안에 계시고, 우리는 그리스도 안에 있습니다. 그런데도 사도는 우리에게 "주 안에서 강건하여지라"고 명령합니다.

우리가 그리스도 안에서 십자가의 보혈로 거듭났을 때, 그것은 단순히 우리의 죄를 용서받는 것이 아니라, 십자가의 능력을 힘입는 것입니다. 그러므로 십자가는 단순한 죄의 용서 이상의 능력을 줍니다. 방금 거듭난 신자라 할지라도 그들 안에는 도전해 오는 마귀의 세력들에 맞서 대항할 수 있는 힘이 주어집니다. 마귀에게 지배받는 것을 미워하고 오직 주님에 의하여 다스려지는 것을 기뻐하는 성품이 그들 속에 있고, 그것과 싸우고자 하는 소원이 주어집니다.

여러분이 거듭나고 십자가를 믿음으로 주님의 자녀가 되었던 결신決信의 때를 생각해 보십시오. 혹은 주님을 한없이 사랑하며 주님만이 나의 전부라고 고백하던 그 처음 사랑의 때를 생각해 보십시오. 마귀들이 그토록 좋아하는 죄짓는 일을 미워했지요? 주님을 위해 싸우는 것이 부담스러워서 마귀에게 투항하는 일은 상상할 수도 없는 일이었지요? 마귀에게 지배를 받는 길이라면 그 길이 낙원과 같은 길이라도 가기를 원하지 않았고, 주님의 다스림을 받는 길이라면 그것이 지옥과 같은 곳이라도 가기를 원했지요? 이처럼 하나님의 자녀의 본질적인 신분은 주 안에 있는 사람들입니다. 그들은 비록 잠시 범죄할지라도 세상에 속한 사람들이 아니라, 주 안에 속한 사람들인 것입니다.

그러나 이어지는 사도의 고백을 들어보십시오. "이제 내가 육체 가운데 사는 것은 나를 사랑하사 나를 위하여 자기 자신을 버리신 하나님의 아들을 믿는 믿음 안에서 사는 것이라"(갈 2:20).

그렇습니다. 비록 그리스도 안에 있는 하나님의 자녀라 할지라도 그들은 안타깝게도 "육체 가운데 사는…" 사람들입니다. 거듭났음에도 불구하고 여전히 그들은 육체를 입고 이 죄 많은 땅에서 살아가는 사람들입니다. 그들의 영혼이 주 안에 있게 되었음에도 불구하고 그들은 여전히 육체 가운데 살아가야 하는 사람들입니다.

사랑하는 형제 자매들이여! 여러분은 주 안에 있는 사람들입니다. 이미 주 안에 있음으로 강하여질 수 있는 자리에 서 있는 사람들입니다. 그러나 여러분은 또한 여전히 육체 가운데 사는 사람들입니다. 생각해 보십시오. 여러분의 영혼은 주 안에 있어서 마귀와 싸우기를 원하고 그래서 강하여지기를 사모합니다. 그러나 여러분의 육체 가운데 사는 삶은 항상 주님 안에 있지는 않습니다. 지금 이 시간도 우리의 육체가 원하는 바가 무엇인지 그 소원하는 육체의 외침에 귀 기울여 보십시오. 우리의 육체는 주님을 위하여 목숨이라도 내놓을 것처럼 수고하다가도, 불현듯 시험에 떨어져 이 세상의 죄악을 따라가려고 합니다. 우리의 육체는 하나님만을 위하여 온전히 드려지는 제물처럼 주님만을 위하여 살아가다가도, 한순간의 쾌락의 유혹에 맥을 못 추고 넘어지는 일이 다반사입니다. 우리의 육체는 주님의 계명에 순종하고 하나님을 공경하면서 살기보다는, 이 세상의 쾌락을 즐기며 안일하게 살 기회를 엿봅니다. 그러다가 우리의 믿음이 약해지기만 하면 우리 속에서 다스리시는 성령의 다스림을 떠나 이 같은 일을 저지르고 마는 것입니다.

그래서 성경은 우리에게 말합니다. "그러므로 내가 한 법을 깨달았노니 곧 선을 행하기 원하는 나에게 악이 함께 있는 것이로다 내 속사람으로는 하나님의 법을 즐거워하되 내 지체 속에서 한 다른 법이 내 마음의 법과 싸워 내 지체 속에 있는 죄의 법으로 나를 사로잡는 것을 보는도다 오호라 나는 곤고한 사람이로다 이 사망의 몸에서 누가 나를 건져내랴"(롬 7:21-24).

따라서 우리는 마귀와의 싸움에서 이기기를 다투는 강한 군사가 되기 위하여 우리의 육체의 삶이 그리스도 안에 있도록 힘써야 합니다. 끊임없이 우리 자신의 육체를 쳐서 십자가 아래 복종시킴으로써 우리의 삶이 주 안에 거하는 삶이 되도록 힘써야 합니다. 왜냐하면 육체 가운데 매일매일 살아가는 우리의 삶이 주 안에 있지 않으면, 우리는 도무지 강건하여질 수 없기 때문입니다.

복음 전파의 역사에서 위대한 발자취를 남겼던 믿음의 선진들을 보십시오. 그들은 모두 이 거대한 영적 전쟁에서 강한 전사의 삶을 살았던 사람들입니다. 그들은 사사로운 세상 것들에 대한 집착에 연연해하지 않았습니다. 그들은 섬세한 샌님들로서가 아니라 어두운 영적 싸움의 전선을 거칠 것 없이 누비던 불굴의 투사들이었습니다. 그러나 그들이 자신들의 삶이 '주 안에' 있는지를 스스로 검증하기 위하여 얼마나 섬세한 영적 감각으로 자신의 삶을 돌아보았으며, 자신들의 섬김과 사역을 늘 '주 안에' 있게 하고자 그릇된 육신의 소욕과 얼마나 치열하게 투쟁했는지를 기억해야 합니다. 이러한 믿음의 싸움의 증인으로서 사도 바울은 이렇게 말합니다. "이기기를 다투는 자마다 모든 일에 절제하나니 그들은 썩을 승리자의 관을 얻고자 하되 우리는 썩지 아니할 것을 얻고자 하노라 그러므로 나는 달음질하기를 향방 없는 것 같이 아니하고 싸우기를 허공을 치는 것 같이 아니하며 내가 내 몸을 쳐 복종하게 함은 내가 남에게 전파한 후에 자신이 도리어 버림을 당할까 두려워함이로다"(고전 9:25-27).

우리가 영적인 실재에 대해서 눈을 뜨게 될 때, 흔히 받기 쉬운 유혹은 강한 영적 능력을 받고 싶다는 것입니다. 강한 성령의 능력에 사로잡힌 사람들의 화려한 신앙생활을 생각해 보십시오. 다른 사람들은 병든 자를 위로해 주러 가지만 그 능력의 사람은 병든 자를 고쳐 주러 갑니다. 사람들은 흔히 앞날의 일에 대해 불안한 마음을 물리치려고 주님께 평안을 구하지만 성령의 사람은 앞날의 일을 예언합니다. 사람들은 방언의 은사를 구하지만 권능의 사람은 방언을 말할 뿐만 아니라 통역도 합니다. 대부분의 사람들은 남의 고민이 무엇인지 모르고 기도하지만, 성령의 사람은 기도할 때 그들의 영적 상태를 헤아릴 수 있을 뿐만 아니라 문제가 무엇인지를 찾아 기도해 줍니다. 우리는 그 성령의 능력을 가지면 무엇이든지 할 수 있을 것 같다는 생각 때문에 능력을 구하게 됩니다. 그 성령의 능력을 구하십시오. 주님은 우리에게 말씀하셨습니다. "하늘 아버지께서 구하는 자에게 성령을 주시지 않겠느냐"(눅 11:13). 특별히 지금처럼 우리를 향하여 마귀가 우는 사자와 같이 삼킬 기회를 엿보는 이러한 때에 하나님의 교회에는 용사가 필요합니다. 많은 말의 사람이나 떠드는 혀의 사람이 필요한 것이 아니라, 마귀와 더불어 싸워서 그를 완전히 밟아 이겨 자기의 자리에서 승리할 용사가 필요합니다. 너무나 필요합니다. 오 하나님! 우리에게는 단지 눈물을 흘리는 사람이 아니라, 그 눈물을 씻고는 죽기까지 싸울 강철 같은 강한 용사가 필요합니다. 이런 사람들을 세워 주시옵소서.

그러나 이렇게 강한 군사가 되기를 원하는 여러분에게 성경은 먼저 "주 안에서…"라고 말해 줍니다. 강건하여지기를 원하는 여러분에게 성경은 먼저 육체 가운데 살아가는 우리의 삶이 "주 안에…" 있어야 한다고 말씀하고 계십니다. 우리가 주님이 주신 거룩한 영적 능력을 잃어버리고 마귀와 더불어 싸우기보다는 화해함으로써 잠시 죄악의 평화를 누리기를 원하는 것은 우리의 삶이 주 안에 있지 않기 때문입니다.

저는 이 시간 여러분에게 마음을 다하여 증거합니다. 진정으로 주님과 함께 싸우는 강한 군사가 되기를 원하십니까? 삶으로 하여금 주 안에 거하게 하십시오. 삶이 주님의 말씀 안에 있음으로써, 강한 군사가 되기를 구하는 여러분의 기도가 진실임을 보여 주십시오. 주님은 말씀하셨습니다. "너희는 내가 일러준 말로 이미 깨끗하여졌으니 내 안에 거하라 나도 너희 안에 거하리라…사람이 내 안에 거하지 아니하면 가지처럼 밖에 버려져 마르나니 사람들이 그것을 모아다가 불에 던져 사르느니라 너희가 내 안에 거하고 내 말이 너희 안에 거하면 무엇이든지 원하는 대로 구하라 그리하면 이루리라"(요 15:3-7).

여러분이 삶을 돌이켜 주님 안에 거함으로 주님을 기쁘시게 할 때, 주님은 우리에게 "주 안에서 강건하여지는" 것이 무엇인지를 보여주실 것입니다.

위대한 전도자들은 모두 성령의 사람들이었습니다. 그리고 하나님의 나라를 위하여 죽기까지 성령의 능력에 붙들려 쓰임받던 사람들은 한결같이 삶으로 주 안에 거하기를 힘쓰던 사람들이었습니다. 19세기 미국의 전도자 찰스 피니C. Finney는 안타깝게도 신학적으로는 반펠라기안주의자semi-Pelagian였습니다. 그러나 잃어버린 영혼들을 향한 그의 눈물어린 구령의 열정은 이후 이 같은 불신의 시대를 사는 우리로 하여금 머리를 숙이지 않을 수 없게 합니다. 그는 가장 오랜 기간 동안 성령이 함께 하시는 집회를 인도했던 사람으로 알려져 있습니다. 그러나 때로는 전도 집회에서 성령의 역사가 그치고 자기의 설교에 능력이 마르는 것을 느낄 때가 있었습니다. 그때마다 그는 한적한 곳으로 물러가 몇 시간씩 무릎을 꿇고 기도하면서 자신의 삶과 설교의 동기를 점검하며, 하나님께서 능력 주시기를 그치지 않도록 애타는 탄원을 올렸습니다. 그러면 즉시 성령의 역사가 재개되었고, 영혼들은 구원되었습니다. 강하여지기를 원하는 그리스도인들은 마땅히 자신들의 삶이 주 안에 있기를 구해야 합니다.

그 힘의 능력으로…

이어서 사도는 강한 군사가 되기 위한 두 번째 비결에 대해서 말해 줍니다. "그 힘의 능력으로 강건하여지고…". 우리말 개역 성경에 "그 힘의 능력으로 강건하여지고"라고 되어 있는 부분을 헬라어 성경에서 좀더 정확하게 번역하면 이렇습니다. 에베소서 6:10절 전체입니다. "마지막으로 너희는 주 안에서와 그리고 그 힘의 능력 안에서 강건하여져라".

그러니까 영적인 싸움에 합당한 강한 군사가 되기 위한 두 가지 비결이 있는데, 그것은 첫째로는 '주 안에' 있어야 하고, 둘째로는 '그 주님의 능력 안에' 있음으로 강하여진다는 것입니다.

오늘 성경은 먼저 우리에게 '그의 힘'His strength을 말씀해 줍니다. 에베소 교회의 성도들은 필연적으로 영적 전쟁터로 불러내어진 사람들이었습니다. 그들을 기다리고 있는 것은 영적인 싸움이었습니다. 악한 마귀가 도전해 오는 영적인 전쟁에서 승리하는 길은 오직 하나뿐이었습니다. 그것은 강하여지는 것이었습니다. 마귀를 능히 대적하여 이길 수 있을 정도까지 강하여지는 것이었습니다. 그들에게 필요한 것은 오직 '힘'이었습니다. 그러나 성경은 오늘 그 힘을 '주主의 힘'이라고 힘주어 말합니다.

때로는 사람들의 힘도 꽤 쓸 만합니다. 사람들이 가지고 있는 지혜와 저마다 자랑스럽게 여기는 재능들과 땅에 속한 것들을 좌우할 수 있는 여러 가지 힘들이 제법 쓸모있게 여겨지는 때가 많습니다. 그래서 사람들은 재력과 지식과 권세를 갖춘 사람을 가리켜서 '능력 있는 사람'이라고 말합니다. 이렇게 능력 있는 사람이라고 일컬어지는 사람들은 그렇게 인정받지 못하는 사람보다 유능할 수 있습니다. 그러나 오늘 본문은 그러한 사람의 힘과 세상에 속한 능력에 대하여 조금도 관심을 보이지 않습니다. 많은 말로 설명하는 대신에 "주의 힘의 능력 안에서 강건하여지라"고 단호하게 말합니다. 왜 그렇습니까? 왜 성경은 제법 쓸모있는, 이 세상에 속한 많은 능력과 힘에 대하여 말하는 대신 오직 '그의 힘'이라고 말함으로써 우리 주님의 힘과 능력에만 관심을 보입니까? 무엇 때문입니까?

그것은 지금 에베소 교회가 필요로 하는 세상적인 권세나 힘이 아니라 '영적인 힘' 곧 영적 군사들이 영적 전쟁을 수행하는 데 필요한 영적 군사력이기 때문입니다. 그들이 직면한 싸움은 영적 싸움입니다. 성경은 오늘 우리의 대적들이 눈에 보이는 이 세상의 존재들이 아니요, "통치자들과 권세들과 이 어둠의 세상 주관자들과 하늘에 있는 악의 영들"(6:12)이라는 사실을 보여줍니다. 무엇이 이 싸움에서 도움이 되겠습니까? 이 싸움에서 문제가 되는 것은 세상의 체력이나 학식이나 인격의 고상함이 아닙니다. 오직 문제가 되는 것은 힘입니다. 영적인 힘입니다. 하나님과 그리스도로부터 주어지는 영력靈力입니다. 이것이 바로 오늘 성경이 "그의 힘의 능력…"을 말하는 이유입니다.

여기서 우리는 한 가지 중요한 영적 원리를 보게 됩니다. 본문을 주의 깊게 보십시오. 먼저 "너희는…강건하여지라"고 말합니다. 다시금 사도 바울로부터 강건하여지라는 명령을 받고 있는 사람들이 누구입니까? 그리스도 밖에 있는 에베소의 도시 사람들입니까? 죄악의 낙을 즐기며 하나님 없이 살아가는 이방인들입니까? 그렇지 않습니다. 사도로부터 강건하여지라고 명령을 받고 있는 사람들은 이미 구원받은 에베소 교회의 성도들이며 신실한 자들이었습니다(엡 1:1). 그렇다면 우리는 매우 중요한 사실을 발견하게 됩니다.

성경은 우리가 주님을 믿음으로 그리스도인이 되며, 거듭남으로써 성령께서 우리 안에 계신다고 가르칩니다. 그래서 성경은 고린도전서 3:16절에서 말하기를 "너희가 하나님의 성전인 것과 하나님의 성령이 너희 안에 계시는 것을 알지 못하느냐"라고 했습니다. 더욱이 그의 편지를 받고 있는 고린도 교회의 그리스도인들은 하나님의 자녀로서의 순결한 삶에 실패한 사람들이었습니다. 그럼에도 불구하고 사도 바울은 그들에게 "성령이 너희 안에 계시는 것을 알지 못하느냐"라고 반문합니다. 이러한 성경의 진술은 우리에게 무엇을 가르쳐 줍니까? 왜 이 말씀이 필요합니까?

그것은 "그의 힘의 능력 안에서 강건하여지라"는 명령은 바로 이미 그리스도를 믿고 신자가 된 우리에게 주시는 말씀임을 보여줍니다. 그러면 이것이 뜻하는 바가 무엇입니까? 이미 주님을 믿고 그리스도인이 된 사람들은 그들 안에 그리스도가 살아 계시고, 성령이 그들 안에 거하시는 사람들입니다. 그러나 오늘 성경은 마치 그것으로는 충분하지 않은 것처럼 에베소 교회의 그리스도인들에게 다급하게 재촉합니다. "주의 힘 안에서 강건하여지라"고 말입니다.

그렇다면 이것은 우리를 향한 중대한 경고라는 사실을 기억해야 합니다. 즉 그리스도인이면서도 전혀 강하지 못한 사람들도 있음을 보여주는 것입니다. 물론 그들은 영적인 전쟁에서 늘 패배를 경험할 것입니다. 우리가 기억해야 할 것이 있습니다. 구원을 얻은 하나님의 자녀들의 신분은 마귀가 어찌할 수 없습니다. 그가 매일같이 마귀에게 지면서 살더라도 그 영혼이 죽어서 천국에 가는 것은 틀림이 없습니다. 그러나 형제 자매 여러분! 우리는 결코 천국에 들어가기 위해서 존재하는 것이 아닙니다. 우리가 천국에 가는 것은 다만 우리가 믿음으로써 산 인생의 결국이지 목표가 될 수는 없다는 것입니다.

오히려 성경은 이렇게 말합니다. "이제 내가 육체 가운데 사는 것은 나를 사랑하사 나를 위하여 자기 자신을 버리신 하나님의 아들을 믿는 믿음 안에서 사는 것이라"(갈 2:20). "우리 중에 누구든지 자기를 위하여 사는 자가 없고 자기를 위하여 죽는 자도 없도다 우리가 살아도 주를 위하여 살고 죽어도 주를 위하여 죽나니 그러므로 사나 죽으나 우리가 주의 것이로다"(롬 14:7-8).

구원받은 우리의 삶은 우리를 사랑하사 자기의 옥체를 깨뜨려 피 흘려 십자가에 죽으신 하나님의 아들을 위하여 사는 것입니다. 이것이 바로 우리의 삶의 목표이며 비전입니다. 그리고 이 목표를 위해 살아가는 데 꼭 필요한 것이 믿음이라고 증거하고 있는 것입니다. 그러나 형제 자매 여러분, 이것을 기억하십시오. 이렇게 우리를 위하여 자기 몸을 버리신 하나님의 아들을 위하여 살아가려는 우리의 착한 결심을 이 세상은 도와주지 않는다는 사실 말입니다. 세상이 과연 주님을 위해 살아가려는 여러분을 도와줍니까? 실로 세상은 우리가 주님을 위하여 살아가는 것을 기쁘게 여깁니까? 그렇지 않습니다. 세상은 구원받은 우리가 어찌하든지 영적 싸움에 매진해야 할 천국 군대에서 탈영하여 자기와 벗해 주기를 바랍니다. 우리를 유혹합니다. 이것이 세상입니다.

그러면 죄악에 흐르기를 좋아하는 우리의 육체는 주님을 위하여 살려는 우리의 결심을 도와줍니까? 우리가 믿음 안에 있을 때는 그렇습니다. 그러나 우리의 믿음이 식어지기만 하면, 그 육체의 욕망은 주님만을 위하여 살려는 우리의 헌신의 각오를 망쳐 놓지 않습니까?

이 모든 갈등의 배후에는 바로 마귀의 세력이 있음을 기억하시기 바랍니다. 사탄은 우리가 주님을 위하여 살아가는 것을 치가 떨리도록 싫어합니다. 그의 졸개 마귀들은 우리가 주님을 위한 삶을 살지 못하도록 하기 위해서라면 죽기까지라도 전쟁을 벌일 각오가 되어 있습니다. 그들은 헌신되어 있습니다. 우리는 기도하기를 쉬는 때가 있어도, 그들은 쉬지 않습니다.

그들은 졸지도 않고 자지도 않습니다. 그들은 자기가 맡은 구역과 담당하고 있는 그리스도인인 여러분 곁을 결코 떠나는 일이 없습니다. 만약 그리스도인인 여러분이 깨어서 무장한 강한 군사가 되지 않는다면, 여러분의 삶은 잠시는 싸우는 것 같으나 이내 더 강한 마귀의 세력을 만나 패배하고 말 것입니다. 우리가 수없이 결심해도 우리의 삶은 조금도 그리스도를 위하여 살지 못할 것입니다. 우리의 믿음의 정원은 하나님이 기뻐하시는 의義의 열매 대신에 가시와 엉겅퀴만 무성한 '묵은 땅'(호 10:12)으로 변하고 말 것입니다.

오늘 성경이 이미 하나님의 자녀가 된 우리에게 "그의 힘의 능력 안에서 강건하여지라"고 다급하게 명령하는 것도 바로 이러한 절박한 영적 상황 때문입니다. 그러나 우리 주위에는 이러한 사실에 각성되지 않은 채 그냥 살아가는 그리스도인들이 너무나 많습니다. 그들의 비참한 신앙생활을 보십시오. 영적인 싸움이 있는지도 모르는 그들이 승리를 경험할 턱이 없습니다. 영적인 승리를 모르는 그들의 삶이 어떻게 주님을 위한 삶이 될 수 있으며, 삶이 하나님을 위해 드려지지 않는데 그들의 영혼 속에 평강shalom이 있겠습니까? 많은 사람들처럼 항복하고 얻은 잠시 동안 누릴 사망의 평화에 만족하면서 살아갈 것입니다. 세상과 더불어서 말입니다.

그러나 우리의 삶은 결코 그럴 수 없습니다. 보십시오. 하나님이 우리를 어떠한 사랑으로 여기까지 인도하여 하나님의 자녀라 일컬음을 받게 하셨습니까? 이사야 선지자는 인생의 참 모습에 대해 이렇게 말합니다. "말하는 자의 소리여 이르되 외치라 대답하되 내가 무엇이라 외치리이까 하니 이르되 모든 육체는 풀이요 그의 모든 아름다움은 들의 꽃과 같으니 풀은 마르고 꽃이 시듦은 여호와의 기운이 그 위에 붊이라 이 백성은 실로 풀이로다"(사 40:6-7).

들풀과 같이 의미 없이 사라지면서도 그 위에 매달린 풀꽃 같은 영광을 위하여 다투며 살다가 가는 것으로 마감했을 우리의 인생을 그리스도의 십자가가 바꾸어 놓았습니다. 십자가는 우리의 들풀 같은 삶을 영원을 향하여 살도록 만들어 주었습니다.

우리 주님의 생애를 생각해 보십시오. 성경은 말합니다. "죄를 짓는 자는 마귀에게 속하나니 마귀는 처음부터 범죄함이라 하나님의 아들이 나타나신 것은 마귀의 일을 멸하려 하심이라"(요일 3:8). 우리 주님의 생애는 우리를 위해 자기의 몸을 대속물로 주고자 하신 삶이었습니다. 그분은 한 순간도 자신을 위하여 살지 않고 오직 아버지의 뜻을 이루기 위하여 사셨습니다. 오직 하나님을 기쁘시게 하기를 소원하며 사셨던 그분의 생애를 보십시오. 주님은 끊임없는 도전 가운데 사셨습니다. 도대체 예수께서 당하신 고난 가운데 사탄으로부터 말미암지 않은 고난이 어디에 있습니까? 마지막으로 그를 십자가에 못 박은 장본인도 사탄이었습니다. 그러나 이것이 바로 주님의 승리의 방법인 줄은 사탄도 알지 못했습니다. 우리 주님이 십자가에서 고난을 이기고 부활하심으로, 사탄의 잔당들을 진멸해 버릴 영적 군사들을 모으시게 되리라고는 생각지도 못했던 것입니다.

십자가! 그것은 세상을 향해서는 구원하는 표적이고, 구원받은 우리에게는 영적인 전쟁으로 부르시는 그리스도의 부르심입니다. 구원받은 우리에게 영적인 싸움은 피할 수 없는 주님의 선택입니다. 이 싸움에서 이기는 길은 우리가 그리스도의 군사가 되는 것입니다. 그 외에 다른 길은 없습니다. 우리 속에는 마귀를 대적할 수 있는 아무런 능력이 없습니다. 지금도 수많은 사람들을 자기의 지배 아래 두고 마구 부리는 놈의 권세를 보십시오. 우리는 이 원수를 알아도, 우리 안에는 이 원수를 대적할 수 있는 아무런 힘이 없습니다. 그러나 우리를 군사로 부르신 분은 주님이십니다. 우리를 군사로 부르신 하나님의 아들 예수 그리스도, 그분은 수많은 영적 전쟁 속에서도 한 번도 패해 본 적이 없으신 분입니다. 그분이 우리를 강하게 해주십니다. 우리를 당신의 힘의 능력 안에 둠으로써 강한 군사로 만들어 주시는 것을 믿으시기 바랍니다.

사랑하는 형제 자매들이여! 여러분이 진실로 이 영적인 싸움에서 이기기를 원하십니까? 여러분이 스스로 그리스도의 군사임을 확인하시기 바랍니다. 이제 우리가 주 예수 그리스도의 군사임을 확신하시기 바랍니다. 우리 주 예수 그리스도의 진군 나팔 소리를 들으며 그분의 십자가의 깃발 아래로 모여야 하지 않겠습니까? 그분이 여러분을 강하게 해주실 것입니다.

우리를 노리는 마귀의 세력들은 전쟁터로 나왔지만, 십자가의 깃발을 세우고 계신 분은 하나님이십니다. 행진의 나팔을 불며 진군을 호령하는 사령관은 우리를 구원하신 하나님의 아들 그리스도이십니다. 행군 나팔 소리가 울리고, 주의 호령은 났습니다. 저들은 그리스도께서 머리를 깨뜨리신 사탄을 우두머리로 하는 자들이나, 우리는 하나님의 군사들입니다. 저들은 칼과 단창으로 나아오는 자들이나, 우리는 만군의 여호와의 이름으로 나아가는 자들입니다. 우리가 싸우고자 할 때 이미 저들의 얼굴에는 패배의 기색이 역력합니다.

누구든지 싸우고자 하는 자는 그리스도의 편에 서십시오.
강한 군사가 되기 위해 주님을 떠나 있는 삶을 돌이키십시오.
우리의 온 맘과 삶이 주 안에 거하게 되기를 구하십시오.

마침내 주께서 그분의 힘 안에서 우리를 싸움에 능한 강한 군사로 세워 주실 것입니다.

2장

마귀의 간계를
대적하라

Put on the whole armour of God

"마귀의 간계를
능히 대적하기 위하여
하나님의 전신갑주를 입으라"(11절).

2 마귀의 간계를 대적하라

우리의 삶이 영적 전쟁임을 보인 사도는 이미 "주 안에서 와 그 힘의 능력으로 강건하여지라"고 명령했습니다. 지금 우리가 살펴보고자 하는 본문 11절은 앞에 나온 10절과 연결된 두 개의 명령문입니다. 사도는 영적인 전쟁의 심각한 실재 – "우리의 씨름은 혈과 육을 상대하는 것이 아니요 통치자들과 권세들과 이 어둠의 세상 주관자들과 하늘에 있는 악의 영들을 상대함이라" – 를 보이기 전에 두 가지를 명령하고 있습니다.

주 안에서와 그 힘의 능력으로 강건하여지라.
마귀의 간계를 능히 대적하기 위하여 전신갑주를 입으라.

이 시간에는 여러분과 함께 사도 바울의 이 두 번째 명령에 대하여 생각해 보고자 합니다.

마귀의 간계를

'마귀'와 '간계' 이 두 단어의 연결은 우리로 하여금 영적 전쟁에서 매우 중요한 진리에 눈뜨게 해줍니다. 우선 이 말은 영적인 전쟁의 특성을 드러내 줍니다. 본질적으로 이 영적인 전쟁의 전범은 '마귀'임을 보여줍니다. 그렇습니다. 그리스도인들은 먼저 영적 전쟁을 수행하기에 앞서 적군이 누구인지를 기억해야 합니다.

이어서 이 영적 싸움에서 우리를 대적하는 것들의 명단이 본문에 나오고 있습니다. "…통치자들과 권세들과 이 어둠의 세상 주관자들과 하늘에 있는 악의 영들을 상대함이라"(12절). 그러나 이것들은 '마귀'*diavbolo*라고 불리는 사탄의 앞잡이들에 불과합니다.

그는 지금도 강력한 영향력을 행사하며 이 싸움에서 승리하기 위하여 혈안이 되어 있습니다. 그는 바로 전능하신 하나님께 반기를 들고 타락한 천사들의 우두머리가 되어 마땅히 하나님께 돌아갈 영광을 도둑질하며, 이 세상 사람들을 어리석은 일과 헛된 사상에 복종케 하는 장본인입니다. 지금도 복음의 빛을 어두움으로 가리우며, 인생들을 두려움 속에 가두고 노예로 부리는 자입니다. 이 땅에 이루어진 자기의 나라를 지키기 위하여 헌신적으로 충성하는 그 앞잡이들과 함께 공중을 장악하고, 하나님을 알지 못하도록 무지 가운데 세상을 가둔 자입니다.

그러므로 우리는 하나님 다음으로 이 '악한 자'에 대하여 끊임없이 배우고, 그를 꺾고 승리하는 비결을 체득해야 합니다. 우리는 실로 이 점에서 각성해야 합니다. 이 '악한 자'와의 싸움에서 승리하지 못하는 한 우리에게는 참된 평강이 없습니다.

교회가 위대한 영적 부흥의 시기를 맞을 때마다, 사람들은 자신들의 삶이 영적 전쟁이라는 사실에 눈뜨며 소스라치게 깨어났습니다. 그러고는 그 치열한 전쟁 뒤에서 적군을 조종하는 영원한 대적 '마귀'에 대한 적개심으로 가득 찬 사람들이 되었습니다. 그들의 마음속에 충만한 하나님을 향한 사랑은 그분의 나라에 대한 벅차오르는 충성심으로 승화되어 그 악한 마귀와 도전하여 싸웠습니다. 그들이 그렇게 치열한 싸움에 용감히 참전할 수 있었던 것은 그들이 스스로를 대단한 존재로 믿었기 때문이 아니었습니다. 그들은 오히려 자신들을 가장 연약한 자로 여겼습니다. 그러나 충성된 자녀들 속에서 역사하시는 성령께서 그들을 강하게 만드셨습니다. 그리고는 하나의 표적을 응시하며 그들의 마음과 삶을 집중시키셨습니다. 그들의 표적은 마귀였습니다.

그를 영원히 멸하실 분은 오직 심판하시는 우리 주 그리스도 예수뿐입니다. 그러나 하나님은 당신의 뜻을 이 땅에 이루고 하나님의 나라를 확장하기 위하여 당신의 자녀들에게 이러한 싸움에서 이길 수 있는 능력을 부어 주십니다. 그럼으로써 우리가 수시로 그를 패배시켜 하나님의 교회와 자녀들을 향하여 아무 힘도 못 쓰는 존재로 무력화시킬 수 있게 해 주십니다. 우리가 추구해야 할 것은 바로 이러한 영적 승리입니다. 지금 우리가 에베소서 마지막 부분의 이 장엄한 본문을 살펴보는 것도 이러한 승리에 대한 소망 때문이 아니고 무엇이겠습니까?

우리는 이러한 복음의 시각에서 우리의 삶을 바라볼 수 있어야 합니다. 이 땅에 살고 있는 한, 우리에게 이 전쟁은 피할 수 없는 것입니다. 따라서 우리는 끊임없이 우리를 구원하신 주님을 기념하며 거룩한 삶을 살아야 합니다. 군사의 정신으로 우리가 살고 있는 영역에서 영적 승리를 쟁취하기를 사모해야 하는 것입니다.

이어서 우리가 살펴볼 것은 이 영적 전쟁에 임하는 마귀와의 전투 방식입니다. 성경은 말합니다. "마귀의 간계를 능히 대적하기 위하여 하나님의 전신갑주를 입으라." 헬라어 성경은 이 부분을 이렇게 읽습니다. "그 마귀의 간교들을 대항하여 설 수 있기 위해 하나님의 그 전신갑주를 입으라." 우리말 성경에 '간계'라고 되어 있는 단수 명사가 헬라어 성경에서는 '간교들'이라는 복수로 나와 있는 것을 알 수 있습니다. 그는 이 영적 전쟁에서 많은 꾀를 가지고 우리에게 다가온다는 사실을 보여줍니다.

이 영적인 전쟁은 우리에게만 심각한 것이 아닙니다. 마귀에게도 심각한 전쟁입니다. 그리스도인들은 악한 자에게 미혹되어 영적 전쟁의 참된 실상을 바로 인식하지 못하는 경우가 얼마든지 있을 수 있습니다. 때로는 하나님의 자녀이면서도 어리석게도 그의 유혹에 빠져 자기도 모르는 사이에 그의 손에 놀아나기도 합니다. 그런 삶을 살면서 이 영적 전쟁의 실체를 어떻게 정확하게 인식할 수 있겠습니까?

엄밀히 말해서, 참된 부흥이 일어나던 때를 제외하고는 대다수의 그리스도인들이 이러한 영적인 전쟁의 실상이 심각하다는 것에 눈 뜨지 못하고 살아가는 것이 일반적입니다. 그러나 기억하십시오. 마귀와 그의 졸개들 - "통치자들과 권세들과 이 어둠의 세상 주관자들과 하늘에 있는 악의 영들" - 은 오직 이 영적 전쟁 하나만을 위하여 존재하는 자들입니다. 그들의 임무는 오직 거룩하신 우리 하나님을 대적하는 것입니다. 하나님께서 그들을 지옥의 불못에 던지실 때까지, 그들은 영원히 하나님께 대항하고 그분의 영광을 훼방할 것입니다.

그들은 결코 자기 본연의 임무에서 이탈하지도 않고, 성령의 권유를 받음으로 회개하여 우리 편으로 귀순하는 법도 없습니다. 유혹을 받아서 본연을 망각한 채 실수함으로 하나님을 기쁘시게 하는 오류(?)를 범하는 법도 없습니다. 우리는 때때로 연약하나, 그들은 강합니다. 우리는 때때로 낙심하나, 그들은 낙망치 않습니다. 우리는 뜻하지 않은 슬픔으로 의기소침해질 때가 있으나, 그들은 슬픔도 눈물도 모르는 자들입니다. 그들에게는 오직 잔인할 정도의 목표 의식만이 있을 뿐입니다. 마귀가 바라는 소망이 무엇입니까? 그 졸개들은 지금도 무엇을 위하여 그토록 헌신된 삶을 살아갑니까? 그들로 하여금 이 치열한 영적 전쟁의 전선에서 열광하며 우리와 맞서 싸우게 만드는 목표가 무엇입니까?

그것은 오직 승리입니다. 이 영적 싸움에서 우리를 이기고, 그리하여 영혼들을 자기의 수중에 넣고 마음대로 움직여 하나님께 경배하지 못하게 하고, 인생들로 허탄한 것들에게 복종하면서 하나님께서 주신 고귀한 세월을 허비하게 만드는 것이 그들의 목표입니다. 그들은 하나님의 자녀들의 마음속에 있어야 하는 참된 평화를 앗아갑니다. 열매를 맺던 신앙의 뜨락을 황폐하리만치 묵은 땅으로 만들어 버립니다. 그리하여 아름다운 새들이 노래하고 주님의 음성이 청아하게 들리던 영적 삶의 정원을 죽은 것들의 시체를 찾는 검은 까마귀의 울음 소리만 스산하여 황량하기 그지없는 폐허로 만들어 버립니다.

그 악한 자가 어떻게 이러한 일을 이루어 갑니까? 성경은 말합니다. '마귀의 간계'를 통해서라고 말입니다. 그렇습니다. '간계들'입니다. 이것을 보십시오. 마귀가 이 영적 전쟁에서 싸워 가는 방식은 바로 이 '계교, 즉 간교한 꾀들'을 통해서라는 말입니다. 이것은 결코 육체의 무력이 아닙니다. 이 영적 전쟁은 결코 세상에 있는 무기들로 수행하는 싸움이 아닙니다. 이것은 결코 참전하는 군인의 숫자로만 승부가 나는 싸움이 아닙니다.

그러므로 여기서 우리는 영적인 전쟁에 임할 때 잊지 말고 기억해야 할 그 무엇을 생각하지 않을 수 없습니다. 그 악한 영들은 물론 힘을 가지고 있습니다. 그들의 능력 앞에서 우리는 놀라기도 합니다. 마치 변화산 아래서 불쌍한 벙어리 안에 들어 있는 귀신의 능력을 인하여 의아해하고만 있을 수밖에 없었던 사도들처럼 말입니다(막 9:14).

그러므로 이 영적인 전쟁에 참전하기를 원하는 사람들은 마땅히 한 가지를 기억해야 합니다. 그것은 간계에 있어서는 마귀가 우리보다 뛰어나다는 사실입니다. 이 점에서 우리는 우리의 지혜로 그들을 당할 수 없음을 인정해야 합니다.

마귀는 사악한 꾀에 있어서 명수입니다. 그는 죄가 없었던 우리의 순진한 처음 조상 아담과 하와도 넘어뜨렸습니다. 순결하던 믿음의 사람 다윗을 실족시켜 하나님 보시기에 '소위가 심히 악한 자'로 만들어 버린 것도 그 마귀였습니다. 그리스도와의 교제 가운데 하늘의 능력을 맛보았던 사도 가룟 유다의 마음에 들어가 예수를 팔게 한 것도 '그 악한 자'였습니다.

그 '마귀'는 하나님의 나라를 위하여 싸우는 영적인 군사들의 급소를 아주 잘 알고 있습니다. 그리고 자신들의 공격을 받을 때 믿음을 가진 사람이 어떻게 반응할지도 훤히 알고 있습니다. 그러므로 우리는 육신의 생각으로 짜낸 지혜를 가지고 마귀를 대적해서 이기는 것은 가능하지 않다는 사실을 기억해야 합니다.

이 정도 되면 우리는 겸손해지지 않을 수 없습니다. 이 영적 전쟁에서는 싸워야겠다는 순간적인 결심도 중요하지만, 전쟁의 승패는 느낌에 의하여 좌우되지 않습니다. 우리가 이렇게 하나님의 군사 학교에 있는 것도 바로 그 때문입니다. 우리는 이 학교에서 성경을 통하여 우리의 사령관이신 그리스도께서 우리를 어떻게 훈련하고 무장시키시는지를 배우는 것입니다.

그렇습니다. 마귀는 영적 싸움에서 '간계들'을 동원함에 있어서는 우리를 능가합니다. 우리 자신을 돌아봅시다. 우리는 얼마나 자주 안개 낀 거리와 같은 신앙적인 혼돈 속을 지납니까? 이 일이 하나님께로서인지 사탄에게로서인지를 구별하지 못하고 불안해하는 때가 얼마나 많습니까? 육신의 생각인지 성령의 소욕인지를 깨닫지 못해서 하나님의 뜻을 따르지 못하는 때가 얼마나 많습니까?

사랑하는 형제 자매들이여! 우리는 자신을 너무 과신해서는 안 됩니다. 우리는 단지 육신을 가진 어리석은 인간일 뿐입니다. 그 유한한 인간성도 죄로 말미암아 참된 것을 바라보는 안목이 흐려지고, 하나님의 말씀도 옳게 알아들을 수 없는 귀머거리가 되어 버리지 않았습니까?

그러나 저는 여러분에게 그 이상을 말하고자 합니다. 우리의 상태는 그렇게 절망적인 진술로 끝나지 않습니다. 우리는 비록 연약하고, 영적으로 무지하고, 지혜에 있어서 마귀의 '간계'를 당할 수 없으나, 하나님은 하십니다. 성령은 그 이상이십니다. 하나님의 지혜는 '그 악한 자'의 '간계'를 능가하고, 그분의 능력은 마귀의 힘과 비교가 되지 않습니다. 우리와는 비교가 되지 않는 그 놀라운 '간계들'을 가진 마귀도 하나님의 지혜 앞에서는 어리석기 짝이 없는 가련한 피조물로서 우리의 조롱거리가 됩니다. 사탄은 참으로 지혜로운 자입니다. 마치 우리로 하여금 '그는 모든 것을 다 알고 있다'라고 생각하도록 착각을 불러일으킬 정도의 영리함을 지닌 자입니다.

자, 여러분 그의 이 놀라운 지혜로움을 보십시오. 예수 그리스도께서 어두운 이 땅에 빛으로 오셨습니다. 사망의 그늘에 생명이 깃들게 하고자 오셨습니다. 하나님의 백성들은 메시아를 알아보지 못했어도, 마귀는 단번에 알아보았습니다. 당시에 하나님의 율법을 연구하던 바리새인과 율법사들과 백성들조차도 말구유에 누우신 가난한 집안의 아기의 모습 속에서 메시아를 볼 수 없었지만, 그 '악한 자'는 그분을 즉시 알아보았습니다. 마귀는 통치자들과 권세들과 이 어둠의 세상 주관자들과 하늘에 있는 악한 영들과 함께 잠시 숨을 죽이고 아기 예수가 누우신 말구유를 주목했을 것입니다. 이 얼마나 놀라운 통찰입니까? 경건한 제사장과 성경을 많이 아는 박사들보다 낫지 않습니까?

그러나 그가 하나님의 지혜 앞에 얼마나 어리석은지 보십시오. 이 마귀는 자기의 왕국에 불쑥 나타난 이 메시아 한 사람을 죽이면 모든 일이 끝나는 것으로 알았습니다. 그가 왜 가룟 유다의 마음에 들어갔습니까? 그가 왜 예수님의 무죄를 확신하던 재판장 빌라도의 마음을 나약하게 만들었습니까? 그가 왜 유월절을 맞아 예루살렘에 모인 백성들의 마음을 충동하여 예수를 못 박으라고 소리치게 만들었습니까?

그것은 바로 예수를 죽여 없애기 위해서였습니다. 그 메시아만 십자가에 못 박아 죽이면 사탄의 왕국은 위기를 면하고 영원히 든든하게 설 줄로 생각했습니다. 그러나 그것은 스스로 자기의 지혜에 걸려 넘어진 것입니다. 그리스도의 십자가에는 간계의 명수인 사탄도 따라올 수 없는 차원 높은 하나님의 지혜의 덫이 놓여 있었던 것입니다.

하나님은 그가 예수를 십자가에 못 박아 죽이기를 기다리고 계셨습니다. 아니, 당신이 예수를 보내시면 마귀는 그 아들을 그렇게 십자가에 못 박아 죽이리라는 것을 이미 알고 계셨습니다. 이것이 바로 '십자가의 지혜'입니다. 사탄이 메시아를 멸하기 위하여 세운 그리스도의 십자가가 오히려 자신의 왕국에 대한 종말의 선고가 되리라고는 꿈에도 생각지 못했던 것입니다.

보십시오. 그는 비록 간계에 능한 자이나, 하나님의 지혜 앞에서는 이렇게 어리석은 자가 되었습니다. 그는 예수를 죽이고자 십자가에 못 박았으나, 메시아는 살아나셨습니다. 오히려 성경은 이렇게 말합니다. "우리를 거스르고 불리하게 하는 법조문으로 쓴 증서를 지우시고 제하여 버리사 십자가에 못 박으시고 통치자들과 권세들을 무력화하여 드러내어 구경거리로 삼으시고 십자가로 그들을 이기셨느니라"(골 2:14-15). 사탄의 지혜는 예수를 죽이는 것이었으나, 하나님의 지혜는 그가 죽인 그리스도를 부활로 다시 살리심으로써 정사와 권세를 무장해제시키는 것이었습니다. 그러므로 십자가는 이러한 사탄의 간계가 하나님의 지혜에 미치지 못함을 드러내는 영원한 표증이 됩니다. 우리는 이 십자가 앞에 설 때마다 이러한 놀라운 증거와 마주치게 되는 것입니다.

보십시오. 그는 생명을 막고자 죽음을 불러들였으나, 그리스도는 그 죽음을 통해서 영원한 생명의 보증이 되셨습니다. 사람들은 이제 죽음을 가지고 위협하는 사탄의 말을 듣기보다는, 생명을 약속으로 부르시는 주님의 음성에 순종하는 이변의 역사가 일어나게 되었습니다. 사탄이 즐겨 내밀어 사람들을 자기의 노예가 되게 했던 죽음이라는 카드는 이제 망명정부의 체포 영장과도 같이 아무 쓸모없는 것이 되어 버리고 말았습니다. 그리스도를 따르는 사람들은 이미 그 악한 자의 사악한 간계가 얼마나 우스운 것인지를 알게 되었습니다. 그리스도에게서 부활의 지혜를 배운 자들은 이제 죽음을 두려워하지 않게 되었고, 성경으로부터 참된 생명이 무엇인지를 분별할 수 있는 지혜를 갖게 된 사람들은 세상에 있는 것들을 가지고 유혹하는 사탄의 간계가 얼마나 유치한 것인지를 느낄 수 있게 되었습니다.

이것이 바로 우리가 이 영적 싸움에서 소망을 갖는 이유입니다. 마귀가 이 간계에 있어서 아무리 우리를 능가한다 할지라도, 이 사실이 영적 전쟁에 임하는 우리의 사기를 조금도 꺾을 수는 없습니다. 왜냐하면 마귀의 간계가 뛰어나다는 것, 그것은 우리를 능가한다는 것이지, 우리와 함께 하시는 하나님의 지혜를 능가한다는 의미는 아니기 때문입니다.

능히 대적하기 위하여

이 영적인 전쟁에서 우리는 우리의 육신의 지혜를 가지고는 그 악한 자를 이길 수 없습니다. 그것을 고백하기에 부끄러워할 필요가 없습니다. 그러나 보십시오. 그들에게는 우리를 능가하는 간계들이 함께 하나, 우리에게는 마귀를 능가하는 하나님이 함께 하십니다. 하나님의 지혜로 우리를 인도하시는 진리의 성령께서 함께 하십니다. 뿐만 아니라, 이 싸움에서 우리를 진두지휘하시는 분은 마귀와의 전쟁에서 한 번도 패해본 적이 없는 지장智將이십니다. 그리스도께서 이 싸움을 진두지휘하고 계십니다. 그러므로 누구든지 이 싸움에서 지혜를 구하시기 바랍니다. 무엇보다 이미 우리에게 주신 하나님의 말씀의 인도를 받으시기 바랍니다. 눈을 밝히 열어 주사, 그가 하나님의 구원의 역사에 훼방자로서 어떻게 행동했는지를 보게 해 달라고 기도하십시오.

하나님께서 성령으로 여러분을 깨닫게 하실 때, 마귀의 간계로 혼란스럽게 느껴지던 싸움판이 순식간에 확연하게 드러날 것입니다. 그들의 간계가 얼마나 유치한지를 알게 될 것입니다. 별로 새로울 것도 없는 다 낡은 수법들을 계속 번갈아 사용하는 그들의 간계가 성령의 사람에게는 얼마나 하찮은 것인지를 알게 될 것입니다.

이러한 마귀의 간계에 대항하기 위하여 우리가 가져야 할 태도에 대해 사도는 말합니다. "대적하기 위하여" 이것은 간계들을 가지고 나오는 마귀들과의 싸움에서 하나님의 자녀들이 취해야 할 태도를 가르쳐 줍니다. 그것은 맞서라는 것입니다. 그것도 '능히' 충분히 맞설 정도가 되라는 것입니다.

그렇습니다. 간계를 가지고 오는 마귀는 항상 우리에게 투사의 모습으로만 나아오는 것이 아닙니다. 오히려 그는 때때로 우호적인 태도로 자기의 본 모습을 가장하곤 합니다. 어둠의 자식이면서 광명의 천사로 위장하고 우리에게 접근해 오기도 합니다. 그는 우리로 하여금 이 싸움을 주관하시는 주님께 지혜를 구하고 그분의 시각에서 영적인 전쟁을 통찰하기보다는 우리의 생각과 이성을 의지하도록 우리를 꾀입니다.

그래서 싸움이 벌어질 때마다 우리가 보이지 않는 성령을 의지하며 믿음을 따르기보다는 늘 눈에 보이는 환경을 생각하게 합니다. 하나님의 영의 인도보다는 육신의 판단에 따라 대처하도록 만듭니다. 이렇게 육신적으로 살아가는 사람들이 가진 지혜는 마귀의 간계와 타협하는 협상 테이블이 되기가 십상입니다. 사도가 가르쳐 주고자 하는 바는 이것입니다.

마귀는 간계의 명수다

너희 머리로는 상대가 안 된다

협상하지 말고 대적하라

그렇습니다. 마귀의 간계에 대하여 우리가 너무나 무지하기 때문에, 맞서야 할 그에게 오히려 우호적인 태도를 가질 때가 얼마나 많습니까? 그러나 예수 그리스도께서 마귀를 다루셨던 방법을 보십시오. 성경은 이렇게 말합니다. "그가 멀리서 예수를 보고 달려와 절하며 큰 소리로 부르짖어 이르되 지극히 높으신 하나님의 아들 예수여 나와 당신이 무슨 상관이 있나이까 원하건대 하나님 앞에 맹세하고 나를 괴롭히지 마옵소서 하니 이는 예수께서 이미 그에게 이르시기를 더운 귀신아 그 사람에게서 나오라 하셨음이라"(막 5:6-8). 주님은 마귀와 마주치자마자 즉각 대적하셨습니다. 그리고 즉시 그에게 물러가기를 명령하셨습니다.

예수 그리스도와 함께 이 영적 전쟁에서 늘 승리하던 사도 바울에게서도 같은 모습을 볼 수 있습니다. "우리가 기도하는 곳에 가다가 점치는 귀신 들린 여종 하나를 만나니 점으로 그 주인들에게 큰 이익을 주는 자라 그가 바울과 우리를 따라와 소리 질러 이르되 이 사람들은 지극히 높은 하나님의 종으로서 구원의 길을 너희에게 전하는 자라 하며 이같이 여러 날을 하는지라 바울이 심히 괴로워하여 돌이켜 그 귀신에게 이르되 예수 그리스도의 이름으로 내가 네게 명하노니 그에게서 나오라 하니 귀신이 즉시 나오니라"(행 16:16-18).

거기에는 어떤 주저함이나 머뭇거림도 없었습니다. 이 점에서는 예수님도 사도 바울도 마찬가지였습니다. 정확하게 영적인 실체를 통찰한 후에 대적했습니다. 왜냐하면 마귀를 그렇게 대적하는 것이야말로 영적인 전쟁을 수행하는 첫걸음이었기 때문입니다. 이것이 바로 성경이 우리에게 주는 교훈입니다. 그 많은 간계를 가진 마귀를 이기는 첩경은 마귀를 대적하는 것입니다. 여기서 우리는 이렇게 대적하기에 충분해지기 위해서 뭔가 새로운 영적 준비가 우리 안에 갖추어지지 않으면 안 된다는 사실을 깨닫게 됩니다. 그것이 바로 우리가 에베소서 마지막 장에 기록된 여덟 절의 말씀을 깊이 살펴보는 이유입니다.

우리의 삶은 이러한 대적을 직시하는 삶입니까? 이러한 대적을 향한 전의戰意에 불타고 있습니까? 이러한 대적들을 멸하는 것이 우리의 소원입니까? 이 영적 전쟁에서 이기기를 다투는 자마다 이 모든 질문에 '아멘'이라고 말할 수 있어야 합니다.

하나님의 전신갑주를 입으라

마귀를 대적하되, 오늘 성경은 '능히' 대적해야 한다고 말하고 있습니다. 마귀와 맞서 대적하기에 충분하리만치 영적인 능력을 갖게 되어야 한다는 말씀입니다. 이 마귀를 알고 대적하되 충분히 맞서기 위해서는 별다른 준비가 필요함을 보여주고 있습니다. 이어서 사도가 "하나님의 전신갑주를 입으라"고 명령하는 것도 바로 이 때문입니다.

이 싸움은 단순히 적대 세력과 마주보고 있는 것이 아닙니다. 여기서 '대적한다'라는 말은 결코 그런 소박한 의미로

쓰여진 말이 아닙니다. 격렬한 전투에도 불구하고 영토를 빼앗기지 않도록 그 전쟁을 성공적으로 수행해 내는 전투 상황을 가리키는 말입니다. 만약 이 '대적한다'라는 말이 경계선을 사이에 그어 놓고 악한 세력과 그리스도인들이 단지 마주보고 있는 것을 의미하는 것이라면, 그것은 휴전이지 전쟁이 아닙니다. 그러나 사도는 "너희가 있는 곳은 영적 전쟁이 휴전하고 있는 곳이다"라고 말하지 않습니다. 사도는 오히려 우리에게 이렇게 말합니다. "너희가 있는 곳은 싸움이 벌어지고 있는 격전지다."

이렇게 치열한 전투지에서 원수 마귀를 대적하는 것은 그의 군대들과 치열한 싸움을 싸워 한 판의 승부를 가리겠다는 말입니다. 그리고 이 일을 위하여 우리는 '하나님의 전신갑주'로 무장하지 않으면 안 된다는 것입니다.

이 땅의 군대들이 세상 나라를 위한 전쟁을 수행하기 위해서 갖추어야 할 무장이 있듯이, 하나님의 나라를 위한 영적 전쟁에서도 승리를 얻기 위한 무장이 따로 있다는 것입니다. 그것이 바로 '하나님의 전신갑주'입니다.

이 하나님의 전신갑주는 성령을 통하여 우리에게 입혀집니다. 그러므로 이 치열한 영적 전쟁에서 이기기를 다투는 영적 군사들마다 반드시 성령으로 무장되어야 합니다. 위로부터 부어지는 거룩한 성령의 능력이 우리 안에 깃들 때, 우리는 중무장한 하나님 나라의 군대가 됩니다. 얼마나 많은 하나님의 자녀들이 "살았다 하는 이름은 가졌으나 실상은 죽은 자"로 살아가고 있습니까? 얼마나 많은 그리스도인들이 스스로 군사임을 부인하지는 않으나, 에스겔 골짜기의 마른 뼈들과 다름없는 영적 삶을 살아갑니까?

참된 부흥은 바로 이러한 마른 뼈들과 같은 심령들에게 생기를 불어넣어 힘줄을 이어주고 살이 붙게 합니다. 온전해진 육체 안에 생명과 힘을 불어넣고, 투철한 군인 정신과 사령관이신 그리스도를 향한 충성심까지 불어넣어 줍니다. 그 건장한 체격 위에 성령의 전신갑주를 입혀 강력한 군대로 변신시켜 줍니다. 고요한 적막만이 감돌던 사망의 계곡에 생기가 돌고, 전투병들의 우렁찬 구령 소리와 복음의 군화를 신고 걸어가는 행군 소리가 산골짜기를 휘돌아 적들의 간담을 서늘케 합니다. 이때 사망의 음침한 골짜기는 생명을 주기 위하여 진군하는 부대들의 전진 기지가 됩니다.

왜냐하면 이 참된 신앙의 부흥은 거룩한 성령의 능력을 이 땅 위에 편만하게 부으시는 하나님의 역사이기 때문입니다. 우리가 참된 영적 부흥을 사모하는 것도 바로 그러한 성령의 역사를 통해 하나님의 자녀들과 교회가 강한 용사로 무장되기 때문입니다.

우리 안에는 이러한 싸움에서 승리하게 할 수 있는 그 무엇이 없음을 인정해야 합니다. 오직 우리가 강한 군대가 되는 것은 하늘로부터 주어지는 거룩한 성령의 능력의 부으심을 통해서입니다. 이것이 바로 '하나님의 전신갑주'를 입으라는 말의 의미입니다.

당신을 향한 마귀의 간계를 능히 읽을 수 있습니까?
당신의 영적 생활은 그것을 능히 대적할 만합니까?

3장

하나님의
전신갑주를 입으라

*Put on the whole
armour of God*

"우리의 씨름은 혈과 육을 상대하는 것이 아니요
통치자들과 권세들과 이 어둠의 세상 주관자들과
하늘에 있는 악의 영들을 상대함이라
그러므로 하나님의 전신갑주를 취하라
이는 악한 날에 너희가 능히 대적하고
모든 일을 행한 후에 서기 위함이라"
(12, 13절).

3 하나님의 전신갑주를 입으라

주님께서 우리에게 원하시는 바는 마귀의 간계를 대적하라는 것입니다. 주님의 이 명령은 결코 허황된 재촉이 아닙니다. 이미 우리에게 강하여지는 비결에 대해서 10절에서 말씀해 주셨습니다. "…너희가 주 안에서와 그 힘의 능력으로 강건하여지라" 우리는 강한 군사가 되어서 마귀와 대적하여 싸우도록 부름을 받고 있습니다.

그러므로 우리는 이것을 기억해야 합니다. 이 영적인 싸움으로 부름을 받고 있는 사람들은 결코 몇몇 특정한 사람들이 아니라는 사실입니다. 이 싸움으로 불러내어지고 있는 사람들은 모든 그리스도인들입니다. 그리스도인들은 누구나 선택의 여지가 없는 부르심을 받고 있으니, 이는 곧 마귀를 대적하라는 것입니다. '대적한다'라는 말은 군대 용어로서 치열한 전선에서 물러서지 않고 적과 맞서는 것을 의미합니다.

그러면서 주님은 우리에게 하나님의 전신갑주를 입으라고 말씀하십니다. "마귀의 간계를 능히 대적하기 위하여 하나님의 전신갑주를 입으라." 에베소서 6:10절과 11절은 하나의 문장인데 두 개의 명령문으로 되어 있습니다. 사도는 이미 10절에서 "강건하여지라"고 명령했습니다. 그런데 11절 마지막에서 다시 "하나님의 전신갑주를 입으라"고 말씀하고 있습니다. 이 명령은 하나님 나라의 영적 군사로서 강건하여지는 것이 구체적으로 무엇을 의미하는지에 대해 상세히 설명해 주고 있습니다. 사도는 우리에게 마귀를 대적하기 위해서 "하나님의 전신갑주를 입으라"고 말하면서, 우리가 왜 그런 명령을 받아야 하는지에 대하여 다음과 같이 말해 줍니다. "…하나님의 전신갑주를 입으라 (왜냐하면) 우리의 씨름은 혈과 육을 상대하는 것이 아니요 통치자들과 권세들과 이 어둠의 세상 주관자들과 하늘에 있는 악의 영들을 상대함이라 그러므로 하나님의 전신갑주를 취하라 이는 악한 날에 너희가 능히 대적하고 모든 일을 행한 후에 서기 위함이라"(6:11하-13).

우리의 씨름은…

성경은 여기서 우리의 싸움의 참 모습을 다시 한 번 생생하게 보여줍니다. 우선 사도는 '우리의 씨름'이라고 말합니다. 사도는 에베소에 있는 그리스도인들에게 우리의 신앙생활의 본질이 영적 전투임을 말하면서, 그것을 '우리의 씨름'이라고 말합니다. 사도는 에베소 교회 교인들에게 "너희는…강건하여지라"(엡 6:10)고 말하다가, 갑자기 그들이 강건하여야만 싸워 이길 수 있는 그 전쟁이 '너희의 씨름'이 아닌 '우리의 씨름'이라고 말함으로써, 이 서신을 기록하고 있는 사도 바울 자신과 에베소 교회의 평범한 성도들을 하나로 묶습니다. 재미있는 것은 이 '씨름'이라는 말이 헬라어 성경에는 단수로 되어 있다는 것입니다. '간계'는 복수이지만, 이 '씨름'은 정관사가 붙은 단수로 되어 있습니다. 이는 이 영적 전쟁에서의 영원한 대적인 악한 세력들이 우리를 쓰러뜨리기 위하여 동원되는 간사한 꾀와 수법은 무수하지만, 그 싸움은 본질상 단 하나라는 사실을 보여줍니다. 그리고 우리는 모두 이 하나의 싸움에 참전하고 있다는 것입니다.

에베소 교회의 평범한 그리스도인이나, 주 안에서 신실한 자들(엡 1:1)이나, 에베소 교회에서 중직을 맡은 선지자, 복음

전하는 자, 목사, 교사나(엡 4:11) 또 이처럼 에베소 교회 교인들을 향해 강건해지라고 명령하면서 마귀를 대적하도록 명령하고 있는 사도 자신까지도 모두 이들과 함께 하나의 전쟁에 참여하고 있음을 깨닫게 해줍니다.

이것은 우선 영적 전쟁이 오직 하나임을 보여줍니다. 그리스도인들인 우리의 믿음의 수준과 섬김의 위치는 다양하고, 우리가 놓인 삶의 자리가 각각 다르고, 우리를 향하여 다가오는 싸움의 모습은 모두 같지 않아도 그것은 모두 본질상 하나의 싸움이라는 것입니다. 또한 이것은 우리 모두가 하나의 전쟁에 참여한 같은 군대의 군사들임을 보여줍니다. 이 영적 싸움에서 지체 의식을 가져야 할 필요도 여기에 있는 것입니다.

우리가 하나의 싸움 안에 있다는 사실은 또한 우리가 왜 이처럼 말씀 앞에 모이는 일에 소망을 가져야 하는지에 대한 이유도 됩니다. 설교자는 회중들이 처한 형편과 사정을 다 알지 못합니다. 여러분의 가슴 깊이 숨겨진 시험이나 도전도 알지 못합니다. 무엇이 여러분을 그렇게 힘들게 하는지도 다 알지는 못합니다. 우리가 힘겨워하는 것은 다른 사람들의 그것과 너무나 다르고, 누구도 우리 속사람의 깊은 고민과 상처를 모두 헤아려 줄 수 없을 때가 많습니다.

그러나 분명한 것이 한 가지 있습니다. 우리가 처한 상황이 아무리 다양하고 우리가 받은 시험이 아무리 특수해도, 그것은 모두 하나의 싸움이라는 것입니다. 따라서 우리가 직면하고 있는 시험과 믿음의 도전이 아무리 다양하고 어렵게 느껴져도 먼저 기억해야 할 것이 있습니다. 그것은 우리의 이 모든 싸움이 하나라는 것입니다. 따라서 그 싸움의 일반적인 성격과 전투의 일반적인 원리를 익혀야 한다는 것입니다. 우리가 놓인 삶의 정황이 아무리 특별한 상황이라고 할지라도, 우리가 먼저 주의해야 할 것은 그 특수한 환경이 아니라 그리스도인의 삶이 영적인 전쟁이라는 일반적인 사실입니다.

우리를 대적하여 싸우는 마귀의 궁극적인 목표는 무엇일까요? 마귀와 싸우기 위하여 강건하여지는 우리의 궁극적인 목표는 무엇입니까? 서로 싸우는 그 대적들 사이에 어떤 타협이 가능합니까? 그는 우리를 시험하고(눅 4:2), 우리의 마음에서 말씀을 빼앗으며(눅 8:12), 삼키려 하고(벧전 5:8), 미혹케 하며(계 20: 10), 범죄하게 합니다(요일 3:8). 그러나 우리는 주께서 그를 "불과 유황 못에 던지실"(계 20:10) 때까지 그와 더불어 싸우고 그를 완전히 밟아 이기고자 하는 것입니다. 이 싸움에서 다른 선택은 없으며, 승리와 바꿀 수 있을 정도로 가치 있는 다른 것은 없습니다.

또한 사도는 우리에게 이 영적인 싸움이 단지 '나의 싸움' my struggle이 아니라, '우리의 싸움'(6:11)이라고 말합니다. 각자가 자신의 삶의 현장에서 마귀와 싸워 이기는 것은 다른 지체들의 전투에 영향을 준다는 것입니다. 영적으로 강한 공동체, 그것이 무엇입니까? 그것은 이 싸움에서 모두 승리한 자들뿐이고 지는 사람들은 도무지 없는 완벽한 용사들이 모인 공동체입니까? 영적으로 미약한 교회, 거기에는 한 사람도 예외 없이 모두 패배하고 비참한 영적 생활을 이어가는 패잔병들이 모인 곳입니까? 그렇지 않습니다.

계시록의 일곱 교회를 평가하시는 가운데 주님은 사데 교회를 향하여 말씀하셨습니다. "사데 교회의 사자에게 편지하라 하나님의 일곱 영과 일곱 별을 가지신 이가 이르시되 내가 네 행위를 아노니 네가 살았다 하는 이름은 가졌으나 죽은 자로다 너는 일깨어 그 남은 바 죽게 된 것을 굳건하게 하라 내 하나님 앞에 네 행위의 온전한 것을 찾지 못하였노니 그러므로 네가 어떻게 받았으며 어떻게 들었는지 생각하고 지켜 회개하라 만일 일깨지 아니하면 내가 도둑 같이 이르리니 어느 때에 네게 이를는지 네가 알지 못하리라"(계 3:1-3). 살았다 하는 모양은 있어도 실상 죽은 자와 방불한 교회를 향한 경고의 말씀이었습니다. 그러나 이 사데 교회에도 믿음을 지키기 위하여 선한 싸움을 싸우며 거룩한 행실을 지키고 있던 믿음의 사람들이 있었습니다. 그래서 성경은 말합니다. "그러나 사데에 그 옷을 더럽히지 아니한 자 몇 명이 네게 있어 흰 옷을 입고 나와 함께 다니리니 그들은 합당한 자인 연고라"(계 3:4).

저는 아주 오래 전에 몸담고 신앙생활을 했던 한 교회를 기억하고 있습니다. 교회의 영적인 상태는 누가 봐도 알 수 있을 정도로 심각했습니다. 교회 재산 분규로 오랫동안 법정 싸움이 계속되고 있었고, 젊은이들 사이에는 윤리적으로 심각한 문제들이 다반사로 벌어지고 있었습니다. 교회는 극도의 이기심으로 분쟁하고 있었고, 기도하는 사람들을 향한 심각한 영적 눌림이 오랫동안 계속되었습니다. 저는 그런 상황 가운데서도 하나님께서 생의 최고의 영적인 축복을 몇몇 사람들에게 부어 주셔서 승리하게 하시는 것을 보았습니다.

공동체의 영적인 강함과 약함 그것은 철저히 개인의 영적 전투 능력의 총집계에 의해 결정되는 것입니다. 영적으로 강한 공동체는 영적인 전쟁에 패배하는 사람들보다 이겨 승리하는 사람들이 훨씬 많은 공동체입니다. 따라서 우리는 각자가 이 '우리의 선한 싸움'에 영향을 미치는 자들임을 기억해야 합니다. 우리는 자신들을 지킬 뿐 아니라, 사랑하는 지체들을 지키고 주님의 몸인 교회의 거룩함을 보존하기 위해서라도 이 영적인 싸움에서 싸워 이겨야 합니다. 왜냐하면 이 영적 전쟁은 '우리의 씨름'(6:11)이기 때문입니다.

혈과 육을 상대하는 것이 아니요…
사도는 이 영적 전쟁을 '우리의 씨름'our struggle이라고 말한 후에 그것이 "혈과 육을 상대하는 것이 아니요…"(6:12)라고 말하고 있는데, 이것을 헬라어 원문 그대로 직역하면 다음과 같습니다. "왜냐하면 우리에게 있어 그 씨름은 피와 살에 대한 싸움이 아니기 때문이다." 여기서 '씨름'이라고 되어 있는 이 단어는 원래 고대 올림픽 경기에서 힘센 자들이 겨루는 레슬링 같은 격투기를 의미했습니다.

따라서 이 말을 쓰고 있는 사도와 또 편지를 받을 때의 에베소 교회 교인들의 마음속에 떠오르던 그림은 바로 그 격투기wrestling였습니다. 그것은 맨손으로 사람을 메어치고 발로 걷어차고 주먹으로 때려 죽이기까지 싸우는 참혹한 경기였습니다. 거기에는 단순한 운동 경기에서는 볼 수 없는 진지함과 무서움이 있습니다. 승패에 따라서 싸우는 자의 생명이 달린 경기입니다. 이 격투기에서 문제가 되는 것은 고상한 인격이나 학식, 문벌이 아니었습니다. 우선적으로 요구되는 것은 우람하고 강인한 체력이었습니다.

힘과 힘이 겨루는 당시의 격투장을 생각해 보십시오. 수많은 인파가 모여서 환호성을 지르고 두 사람이 맞붙어 싸웁니다. 근육과 근육이 부딪히며 힘을 겨룹니다. 문자 그대로 육(肉)의 싸움입니다. 그러다가는 드디어 어느 한쪽 편이 부상을 입고 피가 흐르기 시작합니다. 한 사람은 자신의 몸의 피가 다 흘러 죽기까지 싸우고, 또 한 사람은 그 사람이 죽기까지 때려눕히기 위하여 더욱더 피가 흐르도록 사정없이 그를 내려칩니다. 그야말로 피(血)의 싸움입니다.

그러나 사도 바울은 "우리의 씨름은 혈과 육을 상대하는 것이 아니요"라고 말함으로써, 우리의 싸움은 육체의 강함에 의하여 승패가 결정되는 것이 아니라고 말합니다. 육체가 강한 자가 이기고 오래도록 흐르는 피를 몸에 지닌 자들이 승리를 얻게 되는 그런 물리적인 몸의 싸움이 아니라는 것입니다. 그러면 사도가 보여주고자 하는 우리의 싸움의 본질은 무엇일까요? 이에 대하여 사도는 우리가 깜짝 놀랄 만한 심각한 그림을 펼쳐 보여줍니다. "우리의 씨름은 혈과 육을 상대하는 것이 아니요 통치자들과 권세들과 이 어둠의 세상 주관자들과 하늘에 있는 악의 영들을 상대함이라"(6:12). '통치자, 권세, 세상 주관자들, 악의 영들' 이 모든 것은 사탄의 졸개들의 명칭입니다. 이것들은 사탄의 왕국을 위하여 헌신적으로 싸우고 있는 군사들입니다.

인간이 타락함으로써 이 세상은 그들에게 내어 준 바 되었고, 그들은 이제 공중의 권세를 잡고 있습니다. 거기로부터 끊임없이 그 악한 영향력을 세상에 행사함으로써 지금도 사람들로 하여금 그리스도를 믿지 못하게 하고 있습니다. 그래서 성경은 우리에게 말합니다. "만일 우리의 복음이 가리었으면 망하는 자들에게 가리어진 것이라 그 중에 이 세상의 신이 믿지 아니하는 자들의 마음을 혼미하게 하여 그리스도의 영광의 복음의 광채가 비치지 못하게 함이니 그리스도는 하나님의 형상이니라"(고후 4:3-4). 그는 또한 지금도 역사하고 있습니다. "너희는 그 가운데서 행하여 이 세상 풍조를 따르고 공중의 권세 잡은 자를 따랐으니 곧 지금 불순종의 아들들 가운데서 역사하는 영이라"(엡 2:2). 이들은 불신자들 가운데서만 역사하는 것이 아니라, 믿는 자들 가운데서 더욱 강하게 역사합니다. 그들은 그리스도인들로 하여금 믿음을 떠나 살도록 유혹하고 근거 없는 두려움에 사로잡히게 함으로써(딤후 1:7) 이 싸움에서 전투할 의욕을 상실하게 합니다.

불신 세계는 이미 그들의 수중에 있습니다. 따라서 그들의 중요한 공격 대상은 하나님의 자녀들인 우리입니다. 때로는 우리를 유혹에 떨어뜨려 그 죄를 미끼로 자기에게 종노릇하게 하는가 하면, 심지어는 하나님의 일에 방해가 되게 하고, 하나님을 대적하기까지 변심하도록 합니다. "통치자들과 권세들과 이 어둠의 세상 주관자들과 하늘에 있는 악의 영들"-사탄은 이 헌신된 졸개들을 통하여 자기의 싸움을 수행해 나가는 것입니다. 이들이 바로 우리의 대적들입니다. 이들이 사탄을 위하여 충성을 다하며 싸우는 것처럼, 우리는 또한 우리 주 예수 그리스도의 영적인 군사들로서 이들과 싸우는 것입니다.

"우리의 씨름은 혈과 육을 상대하는 것이 아니요 통치자들과 권세들과 이 어둠의 세상 주관자들과 하늘에 있는 악의 영들을 상대하는 것이라." 그렇습니다. 우리의 싸움은 사탄과 그 졸개들과의 싸움입니다. 그들은 통치자요 권세입니다.

이 세상 주관자들이 바로 그들입니다. 이 어둠의 세상을 주관하고 있는 자들입니다. 이 세상을 죄악 가운데로 사로잡아 옴으로써 그들 가운데 하나님을 아는 총명을 가리고, 그분의 빛 안에서 살지 못하게 합니다.

죄로 인하여 이 세상을 어둠 가운데 가두고, 사람들은 그 어둠으로 인하여 더욱 범죄합니다. 성경은 오늘 "이 어둠의 세상"(6:12)이라고 말합니다. 하나님을 믿지 않는 이 세상은 본질적으로 어둠입니다. 사탄의 졸개들이 이처럼 이 세상을 어둡게 만들고 있다는 것입니다.

인간은 모두 타락한 존재들이기 때문에 본성이 악합니다. 범죄하기에는 발이 빠르나, 선한 일을 위해서는 그들의 손이 그렇지 못합니다. 우리는 이 세상의 악한 형편과 우리 교회의 이 가난한 영적 형편을 안타까워하면서 사람들의 잘못을 과도히 탓합니다. 그러나 성경은 이 모든 결과가 단지 인간의 탓이라고만 규정하지 않습니다. 모든 사람이 이 세상을 악하게 만들려고 애쓰고 있지는 않습니다. 훨씬 더 많은 사람들이 좀더 좋은 세상을 만들고자 노력합니다. 우리는 많은 시간을 주를 위하여 선한 일을 계획하고 결심하는 데 쓰고 있습니다. 그러나 노력은 항상 허사로 끝나기 일쑤고, 좋은 결심은 언제나 뜻하지 않은 벽에 부딪혀 좌절되기가 다반사입니다. 그것은 무엇 때문일까요?

주께서 이 세상을 구원하기 위하여 천한 인간의 몸을 입고 이 땅에 오셨을 때, 세상은 마땅히 자기를 구원할 메시아를 기쁨과 감사로 맞아야 했습니다. 그러나 오히려 성경은 말합니다. "그 안에 생명이 있었으니 이 생명은 사람들의 빛이라 빛이 어둠에 비치되 어둠이 깨닫지 못하더라…참 빛 곧 세상에 와서 각 사람에게 비추는 빛이 있었나니 그가 세상에 계셨으며 세상은 그로 말미암아 지은 바 되었으되 세상이 그를 알지 못하였고 자기 땅에 오매 자기 백성이 영접하지 아니하였으나…"(요 1:4-5, 9-11). 이것이 바로 이 어둠의 세상을 주관하고 있는 마귀가 하는 일입니다. 그들은 세상을 더욱 어둡게 만들어서 빛으로 오신 예수를 믿지 못하게 만들려고 안간힘을 씁니다.

오늘날 흥청거리는 거리의 이 모든 타락상은 바로 이들이 세상 사람들을 이용하여 만든 작품입니다. 이들은 실로 놀라운 지혜와 능력을 갖고 있는 자들입니다. 이들은 지금도 자기가 마음먹은 대로 이 세상을 움직이기 위하여 혈안이 되어 있습니다. 더 많은 사람들을 죄 아래로 사로잡아 자기에게 복종하는 종으로 만들거나, 그리스도를 위하여 싸울 수 없는 영적 패잔병으로 만들고자 몸부림치는 자들입니다.

더욱이 그들 군대들은 하늘에도 포진해 있습니다. 그래서 성경은 또 말합니다. "하늘에 있는 악의 영들을 상대함이라"(6:12). 그들은 이 땅에서의 영적 전쟁을 돕기 위하여 진치고 있는 자들입니다. 하늘에 있으며, 영계에 영향을 주는 자들입니다. 그들은 성도들의 기도가 하나님께 이르지 못하도록 훼방하며, 사람들로 하여금 세상 풍속을 좇고 하나님 대신 자기를 따르도록 만드는 자들입니다(엡 2:2).

예수께서 오시기 전, 이 땅에서의 그들의 왕국은 제법 견고한 듯했습니다. 그러나 예수께서 오시자, 그들의 왕국은 무너져 가기 시작했습니다. 주님께서 유대 광야에서 금식하실 때, 이 사탄의 왕국은 이미 임자를 만난 것입니다. 예수님이 금식과 기도로 마귀의 시험을 이기고 성령의 권능으로 갈릴리에 와서 천국 복음을 외치실 때, 이미 그 왕국은 무너져 가기 시작했습니다(눅 4:14). 죽음은 사탄의 최후의 승부수였는데, 예수님께서는 죽은 자들을 살림으로써 사탄의 무기를 무력하게 만들어 버리셨습니다. 그들의 왕국이 무너지는 대신 그리스도의 왕국이 서기 시작했습니다. 그 모든 싸움의 결정적인 승리는 십자가에서였습니다.

성경은 말합니다. "우리를 거스르고 불리하게 하는 법조문으로 쓴 증서를 지우시고 제하여 버리사 십자가에 못 박으시고 통치자들과 권세들을 무력화하여 드러내어 구경거리로 삼으시고 십자가로 그들을 이기셨느니라"(골 2:14-15). 예수님은 마귀의 졸개들인 통치자들과 권세들을 폐하셨습니다. 그들에게 결정적인 패배를 안겨 주어 그 왕국을 깨뜨리셨습니다. 이제 그들의 왕국은 예전처럼 견고하지 못합니다. 결코 그렇지 못합니다. 곳곳에서 이미 예수를 믿어 그들의 지배에서 벗어난 자들이, 다만 그들의 말에 복종치 않을 뿐 아니라 그리스도의 십자가의 능력을 힘입어 그들의 왕국에 도전하고 있는 군사들이 되었습니다. 그들의 왕국은 결정적인 파괴를 당했고, 지금도 용감한 영적 군사들인 우리 그리스도인들에 의해 심각한 피해를 입고 있습니다. 이 싸움은 주님이 오시기까지 계속될 것입니다. 그리고 그 마지막은 그리스도께서 오셔서 이 세상을 심판하시고, 그들을 꺼지지 않는 불 못에 던지심으로 영원히 끝나게 될 것입니다(계 20:10).

그러나 그때까지 패잔병처럼 남은 이 악령의 세력들은 자기의 왕국을 포기하지 않고 여러분의 영적인 삶에 도전해 옵니다. 교회의 영적인 권세에 도전해 옵니다. 하나님께서는 우리를 이 싸움에 두심으로써 우리의 믿음이 참 믿음인지 시험하시고, 우리로 하여금 하나님의 나라를 누릴 자격이 있는 시민으로 연단하실 것입니다. 하나님을 위하여 살기를 원하는 한, 이 싸움은 피할 수 없는 것입니다. 이것이 바로 본문이 우리에게 가르쳐 주고 있는 진리입니다.

그러므로 하나님의 전신갑주를 취하라

이어서 본문은 '그러므로'라고 말합니다. 이는 '이것 때문에'라는 뜻입니다. 이 접속사는 우리의 싸움이 이처럼 영적인 것이요, 악한 영들에게 대한 것이기 때문에 '그러므로…'라는 뜻입니다. "그러므로 하나님의 전신갑주를 취하라."

재미있는 것은 이 전신갑주라는 말입니다. 헬라어로 '파노플리아'Panoplia라고 되어 있는 이 말은 '모든'과 '무기'가 합쳐져서 만들어진 말입니다. 따라서 이 단어를 '전신갑주'라고 번역한 것은 명번역이 아닐 수 없습니다. 이것은 단순히 갑옷을 뜻하는 것이 아니라 싸움에 나가기 위해서 군인이 완전 군장軍裝을 하는 것을 의미하기 때문입니다. 나아오는 적군의 칼을 피하기 위해 갑옷을 입고, 투구를 쓰고, 방패를 챙기고,

군화를 신고, 단단히 전투용 허리띠를 두르고, 칼을 차는 무장을 총체적으로 가리키는 말입니다. 그런데 이상한 것은 본문 6:10절의 '강건하여지며'는 수동 명령인데, '전신갑주를 취하라'는 능동 명령이라는 점입니다. 문자적으로는 "너희는 하나님의 전신갑주를 집어들라"는 뜻입니다.

먼저 사도는 이 전신갑주가 '하나님의 전신갑주'라고 말합니다. 강한 군사로서 영적인 싸움에 능하게 하는 이 모든 장비는 오직 하나님께 있음을 가리키는 것입니다. 그렇습니다. 이것은 참으로 진실입니다. 우리 안에는 이러한 처절한 영적 싸움을 견뎌 이기게 하는 것이 없음을 알아야 합니다. 그리고 그것을 인정해야 합니다. 날마다 고백해야 합니다. 우리의 고상한 인품이나 높은 학식이 이 싸움에서 승리를 보장해 주지는 못합니다. 진리인 하나님의 말씀을 통해서 역사하는 성령의 권능으로 무장되는 것 외에, 이 싸움을 이기게 하는 것이 우리에게는 없다는 것입니다. 이 싸움에서 이기게 하는 온갖 장비는 모두 하나님 안에 있으며, 그러므로 그것은 하나님의 전신갑주입니다.

싸움에서 이기고 말겠다는 사기는 매우 중요합니다. 그러나 여러분은 그것만으로는 충분하지 않다는 사실을 기억해야 합니다. 어느 대학의 교수로 재직하는 분의 집에서 심각한 영적 현상이 발생했습니다. 그의 아들 중 하나가 귀신에 들려서 미쳤고, 그에 따른 많은 어려운 일이 생겼습니다. 더 심각한 문제는 그 집안에 매일 밤 귀신이 나온다는 것이었습니다. 그래서 기도 꽤나 한다는 젊은 청년들이 당분간 돌아가면서 그 집안을 지켜 주기로 했습니다. 그러던 어느 날 밤이었습니다. 여럿이서 그 집안을 지키는 가운데 그 중 패기만만하고 신앙이 좋아 보이는 한 청년이 말했습니다. "그래, 이 못된 귀신아, 한번 나와 봐라. 예수의 이름으로 본때를 보여주고 말겠다." 그는 주먹을 쓸어 만지고 있었습니다. 바로 그날 밤에 정말로 귀신은 나타났고, 하필이면 그 장담하던 청년의 턱을 쳐서 일그러뜨려 놓았습니다. 턱을 마음대로 쓸 수 없는 불구로 만들어 버린 것입니다. 마치 그 청년에게 "그래, 나왔다. 어쩔래?"라고 하듯이 말입니다.

전쟁에서 강해지겠다는 결의, 이기고 말겠다는 사기, 이길 것이라고 믿는 신념이 모두 중요합니다. 그러나 때로는 단지 믿는 것만으로는 안 되는 것이 있음을 아셔야 합니다. 우리 앞에 펼쳐진 영적인 싸움은 환상이나 심리적인 차원의 것이 아니라 실재입니다. 칼과 검이 불꽃을 튀며 맞부딪히고, 죽음과 생존이 교차하는 실재의 전쟁이라는 것입니다. 중요한 것은 무장을 했느냐는 것입니다. 그것은 느낌이 아닙니다. 실제로 여러분의 속사람이 하나님의 갑주를 입고 있으며, 하나님은 그것을 여러분에게 주신 적이 있느냐는 것입니다.

여러분이 지금 그것을 취하여 입고 있느냐는 것입니다.

여러분이 만일 비무장이라면, 여러분은 이미 이 영적인 전쟁터에서 벌어지는 '우리의 씨름'(6:12)에 아무런 도움도 줄 수 없는 존재입니다. 오히려 걸리적거리기만 할 것입니다. 공격을 해도 따라올 줄 모르고 위기가 와도 일어설 줄 모르는 사람들은 참으로 전쟁터에서는 귀찮은 존재 이상의 아무것도 아닙니다. 마귀도 여러분의 존재와 여러분이 하는 일을 주목하지 않을 것입니다. 왜냐하면 그들에게 있어서 여러분은 이미 싸울 상대가 아니기 때문입니다. 이미 항복함으로 그들과 화해하고 있는 것에 다름 아니기 때문입니다.

예수를 빙자하여 귀신을 쫓아내려고 애쓰던 갸륵한(?) 스게와의 일곱 아들들의 이름을 악한 귀신들이 기억해 주기나 했던가요? 오히려 그들은 "너희는 누구냐?"고 되물었습니다(행 19:15). 그러나 예수 그리스도와 바울의 이름은 지옥에까지 알려져 있었습니다. 그분들이 성령의 권능으로 무장되지 않고 하나님의 전신갑주로 옷 입지 않았다면 무엇 때문에 지옥의 악마들조차 그 이름을 기억해 두면서 경계해야 했겠습니까? 우리에게 필요한 것은 실제적인 무장입니다. 정말로 하나님의 전신갑주를 입는 것입니다.

여러분은 이 영적 싸움을 느낍니까? 충분히 무장되어 있습니까? 전투하는 우리에게 필요한 것은 실제적인 무장입니다. 정말로 하나님의 전신갑주를 입는 것입니다. 여러분이 이 땅에서 악한 영들의 세력에게 공격의 표적이 되고 있지 않다면, 여러분은 이미 그리스도와 함께 싸우기를 포기한 탈영병입니다. 만약 이 땅에서 그분과 함께 그의 나라를 위한 이 거룩한 전쟁에서 싸우려 하지 않는다면 여러분은 누구입니까?

그분은 여러분을 위하여 십자가에서 죽으셨고, 여러분은 그분의 그 고난으로 말미암아 죄사함을 얻어 하나님의 자녀가 되었습니다. 주님은 지금도 하나님의 보좌 우편에서 여러분의 승리를 위해 기도하고 계십니다. 그러므로 기억하십시오. 언젠가 우리는 이 영적 전쟁에서 싸운 전투 기록부를 들고 그분의 심판대 앞에 설 것입니다. 사도는 말합니다. "우리가 담대하여 원하는 바는 차라리 몸을 떠나 주와 함께 있는 그것이라 그런즉 우리는 몸으로 있든지 떠나든지 주를 기쁘시게 하는 자가 되기를 힘쓰노라 이는 우리가 다 반드시 그리스도의 심판대 앞에 나타나게 되어 각각 선악간에 그 몸으로 행한 것을 따라 받으려 함이라"(고후 5:8-10).

또한 "하나님의 전신갑주를 취하라"는 말씀 속에서 도전받는 것이 있습니다. 그것은 '취하라'는 능동 명령입니다. 이것은 문자적으로는 "너희는 하나님의 전신갑주를 집어들라"는 것입니다. 싸움에서 우리를 능히 이기게 하는 전투 장비가 하나님께 있는데, 이것을 우리에게 취하라고 명령하고 계십니다. 저는 이 말씀 속에서 이런 그림을 봅니다. 병사들이 싸움에 나가지 않을 때는 한가로이 휴식을 취하거나 차근차근 훈련을 받고 있습니다. 그러나 진군 나팔이 불 때 그들의 동작은 민첩해집니다. 진군 나팔 소리를 듣는 그들에게 가장 시급한 것은 먹을 양식이나 입을 외출복이 아닙니다. 그들은 모두 지정된 장소로 달려가서 전쟁에 필요한 전투 장비들을 집어드는 것입니다. 싸우기를 원하는 병사마다 무기들을 찾아 집어드는 것입니다.

그러므로 우리가 탐내야 할 것은 이 세상이나 세상에 있는 것들이 아닙니다(요일 2:15). 안개와 같이 없어지고 풀꽃과 같이 스러질 이 세상의 영화가 아닙니다(약 1:10). 우리가 사모해야 할 것은 우리로 영적 싸움에 능하게 만들어 줄 보다 좋은 무장입니다.

이 거룩한 영적 전쟁에서 싸우기를 포기한 이들은 자기의 목숨을 부지하며 치열한 격전지에서 벗어나 편히 쉬기를 바랄 것입니다. 그리고 그들은 그렇게 안일한 삶을 이어가기 위하여 필요한 이 세상에 속한 것들을 탐할 것입니다. 또한 그것들을 얻기 위하여 더욱더 범죄할 것입니다. 그러나 싸우기를 원하는 자마다 보다 좋은 무장을 취하고자 다툴 것입니다. 이 영적 전쟁에 마음을 기울이며 전심으로 승리하기를 원하는 사람들은 생명 얻기를 사모하는 것처럼, 보다 좋은 하나님의 무장을 얻기 위하여 쉬지 않고 간구할 것입니다. 천국에 있는 무기고의 주인이신 하나님께 간청할 것입니다.

믿음의 선한 싸움을 승리로 이끌었던 믿음의 사람들을 보십시오. 그들은 모두 다른 사람들과는 다른 것들을 사모했던 사람들이었습니다. 그들은 하나님의 나라를 위한 전쟁에 참으로 필요한 것이 무엇인지를 알았던 사람들이었습니다. 그들은 하나님께서 하늘의 무기고를 열고 완전한 군장을 공급해 주시기를 쉬지 않고 탄원했던 사람들이었습니다. 마치 싸움의 성패가 그것에 달린 것처럼 전심으로 하나님의 전신갑주를 구했습니다. 그리고 하나님께서는 그들의 충성된 마음으로 올리는 간구를 기억하사 천국의 무기고를 열어 주셨습니다. 하나님께서 이 특별한 무장들을 내리시는 순간 그들은 뛸 듯이 기뻐했습니다. 그러고는 이 싸움에서 승리를 확신하며 격전지로 나아갔습니다. 그들은 강한 군사가 되었고, 이 싸움에서 승리함으로 전쟁의 주인이신 주님을 기쁘시게 해드리기 위하여 온갖 충성을 다 바쳤습니다.

이 영적 싸움에서 당신을 능하게 하는 하나님의 방법은 당신을 하나님의 전신갑주로 무장시키시는 것입니다. 이것이 바로 오늘 사도가 우리에게 "하나님의 전신갑주를 취하라"고 다급히 명령하는 이유입니다.

이는 악한 날에…

이어서 사도는 그리스도인들이 전신갑주를 입고 싸움에 임해야 하는 이 시대의 때에 대하여 말합니다. "이는 악한 날에…" '악한 날'이라고 말합니다. 오늘 성경은 다양한 시대의 풍조와 급변하는 시대 정신을 낱낱이 설명하는 대신에 이 시대를 악한 날이라고 말합니다. 이 악한 날은 바로 우리가 살고 있는 이 시대를 가리키는 것입니다. 사도는 갈라디아서 앞부분에서도 이 시대를 "이 악한 세대"(갈 1:4)라고 규정지었습니다. 주님께서 죽으신 것도 바로 이 악한 세대에서 우리를 건지시기 위함이었다고 성경은 증거합니다.

    우리 예수님께서 이 땅에 오신 이후로 세상은 하늘에 속한 신령한 영적 축복을 미리 맛보는 즐거움을 누렸습니다. 주께서 오시자 성령이 그와 함께 하셨습니다. 이 땅의 백성들은 그로 말미암아 하늘나라에서나 경험할 수 있는 성령의 축복과 다스리심을 소유하게 되었습니다. 병든 자들이 고침을 받고 기뻐했으며, 죽은 자들이 살아나매 사람들이 하나님을 찬양했습니다. 귀신이 들린 채 그에게 붙잡혀 살던 비참한 인생들이 주께서 그들에게 명하시자 거기에서 놓임을 받고 단정한 사람들이 되었습니다. 그러나 또 한편으로는 주님이 오신 때로부터 세상은 말세로 접어들었습니다. 우리 주 예수 그리스도로 말미암아 하늘의 신령한 은총이 이 땅에 내리고 인간을 구원하시고자 하는 하나님의 열망이 강력히 나타날 때, 세상에는 그분의 구원 사역을 방해하는 악한 세력들의 준동도 더욱 격렬해졌습니다. 때는 말세가 되었고, 시대는 악한 날이 되었습니다. 구원의 은총이 점점 크게 나타나는 것과 함께, 세상의 끝이 다가올수록 마귀의 간계는 더욱 교묘해지고, 그들의 영적 도전은 점점 기승을 부리는 시대가 되었습니다.

과학은 발달했습니다. 사람들의 삶은 풍요로워졌습니다. 사회가 얼마나 복잡하고 다변화되었는지 이전과는 비교도 되지 않을 정도입니다. 학문은 수없이 분야가 늘어나고, 인간의 지혜는 가히 천체를 해부하기에 이르렀습니다. 그러나 이 모든 변화는 눈에 보이는 변화일 뿐, 시대의 본질은 동일합니다. 2천 년 전의 에베소 교회가 처한 그 시대나 오늘날 우리의 교회가 놓여 있는 시대나 모두 동일합니다. 그것은 우리가 살아가는 이 시대가 전적으로 '악한 날'이라는 것입니다. 악한 날에는 악한 사람들이 살고 있고, 악한 세상의 배후에는 악한 세력들이 있음을 기억해야 합니다. 인간은 아담 이후로 이미 타락했고, 그래서 세상은 악합니다. 그러나 세상은 그 자체로만이 아니라, 그 세상의 배후에 있는 악한 세력으로 인해 더욱 악을 향해 치달아가는 것입니다. 마귀는 자기의 마지막 심판 받을 때가 가까운 줄 알기에 더욱더 자기의 왕국을 지키기 위하여 필사적으로 몸부림치고 있으며, 세상에 사는 사람들은 이들의 영향을 받으며 살아가므로 더욱 악하게 되었고, 그래서 세상은 이런 모습이 되었습니다.

이것이 바로 지금 우리가 신앙생활을 해 나가는 환경이며, 영적 전쟁을 수행하고 있는 여건입니다. 믿음을 따라 살고자 하는 형제 자매들이여, 그리스도를 사랑하며 그의 뒤를 따라 싸우고자 하는 여러분의 결심과 노력을 이 세상이 어떻게 대우해 주는지 생각해 보십시오. 주님의 뒤를 따라가고자 할 때 세상이 여러분을 도와줍니까? 영적인 군사로 주와 더불어 싸우고자 할 때 이 세대가 도와줍니까? 그렇지 않습니다.

오히려 이 세상은 우리로 하여금 모순의 시대를 살면서 외롭게 부르짖었던 하박국의 탄식을 생각나게 해주지 않습니까? "어찌하여 내게 죄악을 보게 하시며 패역을 눈으로 보게 하시나이까 겁탈과 강포가 내 앞에 있고 변론과 분쟁이 일어났나이다 이러므로 율법이 해이하고 정의가 전혀 시행되지 못하오니 이는 악인이 의인을 에워쌌으므로 정의가 굽게 행하여짐이니이다"(합 1:3-4).

성경은 이 세상에서 하나님의 뜻을 이루기 위하여 믿음으로 살아가고 성령을 힘입어 싸워야 할 우리가 살고 있는 이 시대가 악한 날이라고 말합니다. "그런즉 너희가 어떻게 행할지를 자세히 주의하여 지혜 없는 자 같이 하지 말고 오직 지혜 있는 자 같이 하여 세월을 아끼라 때가 악하니라"(엡 5:15-16).

그러므로 우리는 영적인 싸움을 싸우는 군사로서 이 세상을 경계해야 합니다. 하나님을 등진 이 세상에는 반역의 물결이 일렁거리고, 십자가 앞으로 나아오지 않는 이 세대는 우리의 영적인 싸움에서 우리 자신을 지켜야 할 또 하나의 어려움으로 우리에게 다가옵니다. 우리는 먼저 이 악한 날들 안에 처한 이 세상으로부터 우리 자신을 지켜야 합니다. 생각해 보십시오. 우리의 대적이 이 어둠의 세상 주관자들인데, 만약 우리의 삶이 어두운 죄 가운데 살아가는 것이라면 어떻게 그들과 싸울 수 있겠습니까? 오히려 그 어둠 안에서 우리는 죄악의 포로가 되고 말 것입니다. 우리의 싸움이 통치자들과 권세들과 하늘에 있는 악의 영들에게 대한 것일진대, 우리의 생활이 육욕(肉慾)을 따라 방탕하는 이 악한 시대의 풍조에 빠져 있다면 어떻게 그들과 싸울 수 있겠습니까? 우리는 도리어 그들의 노리개가 되고 말 것입니다.

그러므로 우리는 기억해야 합니다. 입술로는 영적인 싸움에 출전하겠노라고 고백하고, 육체로는 이 악한 날의 세상 풍조를 따라가는 어리석은 자들이 되어서는 안 됩니다. 실로 우리는 우리의 믿음을 삶으로 고백하며 살아야 합니다. 왜냐하면 우리의 영적 싸움은 진공 중에서 일어나는 사건이 아니고,

우리의 삶 속에서 벌어지는 일이기 때문입니다. 우리가 영적으로 싸워야 하는 이 세대는 악한 세대입니다. 이 시대를 분별하며 하나님의 뜻을 헤아리는 지혜를 가져야겠습니다.

악한 세대는 이 세상을 불신앙으로 이끌어 갈 뿐만 아니라, 하나님의 자녀들인 우리에게도 영향을 미칩니다. 영적인 군사들인 우리로 하여금 악한 세상의 것들을 사랑하고 그 어둠의 행실에 빠지게 함으로써 영적으로 분별력을 잃어버리게 합니다. 이 악한 세상이나 세상에 있는 것들을 사랑하는 것, 그것은 영적 군사에게 있어서 탈영과도 같은 것입니다. 이 악한 세상을 향한 사랑과 염려는 주님을 향한 우리의 헌신을 좀 먹고, 점차로 영적 무장을 해제시켜 갑니다. 그래서 주님은 일찍이 사도들에게 말씀해 주셨습니다. 일찍이 귀신을 내어 쫓는 권능과 병을 고치는 권세를 받았고, 가족과 재물을 다 버리고 그분을 좇기 위해 헌신했던 사도들에게 말입니다. "너희는 스스로 조심하라 그렇지 않으면 방탕함과 술취함과 생활의 염려로 마음이 둔하여지고 뜻밖에 그 날이 덫과 같이 너희에게 임하리라"(눅 21:34).

사랑하는 형제 자매들이여! 성경은 오늘 우리가 살아가고 있는 날들을 악한 날이라고 말합니다. 영적 전쟁이 벌어지고 있는 이 세상은 우리의 홈그라운드home ground가 아닙니다. 세월은 악하고, 세상은 우리의 영적 싸움을 응원해 주지 않습니다. 그러므로 우리는 이 영적인 싸움에서 이겨야 할 뿐 아니라, 이 악한 세상의 물결 속에서 우리 자신을 지켜야 하는 것입니다. 주께서 이 땅에서 우리의 몸을 거룩한 산 제물로 받으시기까지, 우리의 싸움을 모두 마치고 이 영적 전쟁에서 명예롭게 제대하여 천사들의 나팔 소리와 함께 그분 앞에 서게 되는 날까지, 이 '악한 날들' 동안에 우리는 마음과 영혼을 흠없이 보존해야 하는 것입니다.

능히 대적하고…

이어서 사도는 우리가 하나님의 전신갑주를 취해야 할 두 번째 이유를 말해 줍니다. 그것은 우리로 하여금 마귀를 능히 대적하게 하기 위함이라는 것입니다. 오늘 이 에베소 본문에 기록된 "능히 대적하고"라는 말은 당시 로마에서 흔히 사용되던 군사 용어입니다. 적으로부터 사수하도록 명령받은 지역을 후퇴하지 않고 맞서 싸워 지키는 것을 가리키는 말입니다. 문자적으로는 "대항해서 맞서기에 충분하리만치 강하고"라는 뜻입니다. 영적인 싸움으로 나아가는 우리의 목표는 단지 싸우는 것이 아닙니다. 싸울 뿐 아니라 이겨 승리하는 것입니다. 따라서 우리의 소망은 단지 마귀의 상대가 되어 줄 만한 존재가 되는 것이 아니라, "통치자들과 권세들과 이 어둠의 세상 주관자들과 하늘에 있는 악의 영들을 상대"하는 싸움에서 능히 이기기에 충분한 사람들이 되는 것입니다. 싸우는 병사의 목표는 생존이 아니라 승리입니다. 이기지 못한다면 그 싸움은 실로 괴로운 고통에 시달리는 것 이상의 아무것도 아니기 때문입니다.

여기서 우리가 주목해야 할 사실이 하나 있습니다. 우리가 능히 대적해야 할 것은 영적 존재들이지 이 세상의 사람들이 아니라는 것입니다. 아무리 악한 자라 할지라도, 심지어 우리에게 아픔을 주거나 공동체에 상처를 입히는 잘못을 범하는 자라 할지라도 그들이 우리의 싸움의 대상일 수는 없습니다. 교회를 핍박하고 우리의 믿음을 모욕하는 자라 할지라도 그들이 곧 우리의 대적은 아니라는 것입니다. 우리는 그들을 미워하거나 증오해서는 안 됩니다. 오히려 우리는 그들의 영혼을 불쌍히 여기고 기도하며 사랑해야 합니다. 주님은 말씀하셨습니다. "그러나 너희 듣는 자에게 내가 이르노니 너희 원수를 사랑하며 너희를 미워하는 자를 선대하며 너희를 저주하는 자를 위하여 축복하며 너희를 모욕하는 자를 위하여 기도하라"(눅 6:27-28).

그렇습니다. 아무리 간악한 간사와 술수로 우리를 해치려 한다 할지라도 그 사람이 우리의 대적일 수는 없습니다. 그들을 향해 우리가 할 일은 오직 그들을 사랑하는 것입니다. 하나님을 떠나 어두움 가운데 살아가는 그들을 불쌍히 여기는 것입니다. 이것이 우리에게 승리를 가져다주는 것입니다. 오히려 우리의 대적은 여기 있으니 그런 사람들 가운데 역사하는 영들입니다(엡 2:2). 그들로 하여금 하나님을 향하여 불순종의 아들들로 역사하게 하는 악한 영들입니다. 영적인 싸움에서 우리는 용기 있는 강한 군사가 되어야 합니다. 그러나 사람들을 향해서는 사랑 있는 자가 되어야 하며 자비의 눈물을 흘릴 줄 아는 사람이 되어야 합니다. "긍휼히 여기는 자"(마 5:7)가 되어야 합니다.

"능히 대적하고…" 본문이 강조하는 것은 영적인 싸움에서 충분히 이기는 것입니다. 승리하는 것입니다. 그런데 우리는 여기서 좀더 생각해 볼 것이 있습니다. 성경 곳곳에는 영적 싸움에 관한 새로운 차원을 보여주는 언급이 나타나기 때문입니다. 마귀와 더불어 아등바등 싸우는 것이 아니라, 마치 싸움이 이미 끝났고 마귀를 그들에게 상대도 안 되는 것처럼 다루고 있는 것 같은 언급을 발견하게 됩니다.

예수님의 생애를 보십시오. 그분은 많은 귀신을 내어 쫓으심으로 많은 백성들에게 새로운 삶을 안겨 주셨습니다. 그분이 귀신을 내어 쫓으시던 장면을 회상해 보십시오. 주님이 귀신과 더불어 다투셨습니까? 주님은 내어 쫓으려고 애를 쓰시고, 귀신은 못 나간다고 버티는 줄다리기가 계속되었습니까? 사실 그래야 싸움이 되는 것 아닙니까? 그러나 주님은 그렇게 하지 않으셨습니다. 주님이 말없이 다가가시기만 해도 귀신은 이미 그분을 알아보고 두려워했고, 그분은 다만 말씀하심으로 그들을 내어쫓으셨습니다. 이는 마치 이미 승전한 장군이 패전한 포로들에게 명령하는 것과 같은 모습입니다. 우리와는 좀 다른 모습이 아닙니까?

이 같은 영적인 싸움의 모습은 주님에게서만 발견되는 것이 아닙니다. 사도 바울에게서도 그대로 발견됩니다. 바울은 빌립보 성에서 전도할 때 점치는 귀신들린 여종을 만났습니다. 사도가 어떻게 했습니까? 그 여종은 귀신들린 자였고, 그 때문에 용한 점쟁이가 되었습니다. 그녀는 사도 바울을 쫓아다니며 여러 날을 괴롭게 했습니다. 그래서 사도 바울은 이렇게 말했습니다. "예수 그리스도의 이름으로 내가 네게 명하노니 그에게서 나오라"(행 16:18). 귀신은 그 말에 복종하여 즉시 나왔고, 여종은 새 사람이 되었습니다. 사도는 귀신을 쫓아 주시도록 하나님께 기도하는 대신 그의 속에 있는 귀신에게 나오라고 말했습니다. 일방적으로 명령했던 것입니다.

이것은 전투의 모습이 아닙니다. 싸움하는 장면을 보여준다기보다는 오히려 싸움이 끝나고 이미 승리해 버린 장면을 보여줍니다. 그래서 무장해제된 포로들이 순순히 복종하는 모습을 보여줍니다. 이것이 바로 "능히 대적하도록" 강한 영적 군사의 모습입니다. 이 같은 사실은 세상을 향해 파송되었던 제자들의 전도 보고 속에서도 그대로 발견됩니다. "칠십인이 기뻐하며 돌아와 이르되 주여 주의 이름이면 귀신들도 우리에게 항복하더이다"(눅 10:17).

하나님은 때때로 아주 초신자라 할지라도 이러한 성령의 능력을 부어 주어서 이 두려운 영적 전쟁에서 승리하게 만들어 주십니다. 싸움에서 승리한 자가 되어 이처럼 악한 영들을 호령하게 만들어 주십니다. 구령의 열정에 불타던 위대한 전도자들은 바로 이러한 사람들이었습니다. 영적인 싸움에서 이겨 악한 영들을 호령하던 사람들이었습니다. 지금 우리에게는 이러한 커다란 능력에 붙잡힌 위대한 전도자들의 대代를 이어갈 후예들이 필요합니다.

오늘날 신학적으로 가장 열띤 토론의 대상이 되는 주제 중 하나를 들라면, 그것은 성령 세례 문제일 것입니다. 어떤 사람들은 신자들의 신앙 경험 속에서 성령 세례가 반복된다고 하고, 어떤 사람들은 그것이 옛날 초대 교회 시대의 오순절에만 한 번 있었던 일이라고 합니다. 성령 세례가 가능하므로 우리가 그것을 구해야 한다고 말하는 사람들이 있는가 하면, 또 다른 사람들은 그것은 다시 있을 수 없는 일이고, 우리는 다만 성령의 충만을 구해야 할 뿐이라고 말합니다.

저는 여기서 이 문제를 논의할 생각은 없습니다. 다만 우리가 가슴 저리도록 깊이 인식하는 바가 있습니다. 당면한 이 영적 전쟁에서 커다란 능력을 동반한 성령의 역사하심이야말로 현실적으로 다급한 요청이라는 것입니다. 사도행전의 역사를 잇는 위대한 전도자들의 영적인 경험은 일상적으로 경험되는 충만과는 질적으로는 동일해도 그 수준과 정도가 월

등한 충만이었음을 기억합시다. 지금 우리가 참전하고 있는 이 같은 영적 전쟁에서, 교회 역사에 길이 빛나는 전과를 남겼던 영적인 거성들은 예외 없이 한없는 성령의 능력 가운데 살았던 사람들이었습니다. 우리의 싸우는 날들은 악한 날들이고, 우리가 싸우는 대상은 악한 영들의 군대이며, 악한 세상은 우리들 편이 아닙니다. 그러므로 우리는 오직 이 험악한 세상을 이기고 선한 싸움을 다 싸울 수 있게 하는 능력이 오직 하나님께로부터만 임하는 것임을 기억합시다.

주님의 마음을 본받는 자 그 맘에 평강이 찾아옴은
험악한 세상을 이길 힘이 하늘로부터 임함이로다

하나님께서 우리에게 성령을 주심으로 그렇게 능한 자로 세워 주시기를 갈망합시다.

…행한 후에 서기 위함이라

마지막으로, 사도는 우리가 하나님의 전신갑주를 입어야 할 이유를 또한 다음과 같이 말합니다. "…모든 일을 행한 후에 서기 위함이라" 성경은 영적 싸움에서 "한 가지나 두 가지 일을 완수한 후에"라고 말하지 않고, "모든 일을 다 한 후에"라고 말합니다. 우리는 전투 중일 때는 물론이거니와, 싸움이 모두 끝난 후에라도 여전히 든든히 서 있는 사람들이 되어야 합니다.

한두 번의 싸움에서 크게 승리했다 할지라도, 그 후 그들은 언제 다시 전열을 정비하여 우리를 대적해 올지 모르기 때문입니다. 최후에 웃는 자가 참으로 웃는 자입니다. 우리는 마땅히 당면한 각자의 전투지에서 승리하기 위하여 최선을 다해야 하는 것입니다. 그러나 또한 우리는 단지 한두 번 이길 뿐 아니라, 이렇게 얻은 고귀한 승리를 지키기 위하여 패배한 원수들의 목을 밟고 언제라도 다시 싸우기 위하여 전투 자세로 서 있는 일이 필요하다는 것입니다. 하나님의 전신갑주는 우리로 하여금 모든 영적 싸움을 능히 마친 후에라도 지쳐 쓰러진 자가 되지 않고 여전히 자기의 싸움터에서 견고히 서 있게 만들어 줍니다.

한두 번 영적 싸움에서 승리하는 경험은 흔히 있을 수 있습니다. 그러나 이렇게 한두 번 싸움에서 이겼을 때 우리는 적들에게 더욱 집요한 표적이 된다는 사실을 기억해야 합니다. 일반적으로 영적인 심각한 도전 때문에 어려움을 느끼게 되는 일은 대체로 성령의 역사를 경험한 사람들에게 일어납니다. 즉 영적인 싸움에서 승리한 경험이 있는 사람에게 흔히 일어난다는 것입니다.

여러분의 주위를 돌아보십시오. 또한 여러분 자신의 삶을 돌아보십시오. 한때 영적인 싸움에서 이겨 승리의 개가를 부르던 기억이 있지만, 그 싸움에서 이긴 뒤라 할지라도 스스로 서 있는 일에 실패한 기억은 없는지요? 소용돌이치는 영적인 싸움이 끝났을 때, 우리는 오히려 종종 영적으로 진공 상태가 되기 쉽습니다. 이 때가 위험한 때인 줄 아십시오. 오늘 사도가 우리에게 "모든 일을 행한 후에 서기 위하여" 전신갑주를 입으라고 명령하는 것도 바로 이 때문입니다. 우리가 다시 재차 대적과 싸우기 위해서 말입니다.

한때는 마귀를 물리쳤으나, 스스로 서 있는 일에 실패했기 때문에 다시 전열을 정비한 악한 영들의 반격을 받아서 더 큰 패배를 맛보기도 했지요? 한때는 불 같은 시련 속에서도 마귀를 굴복시킨 승리의 전적을 가졌으나, 정작 그 시련이 끝나 평화로운 시절이 되자 영적인 군인 정신을 잃어버리고 세상을 사랑하는 실패에 떨어져 버린 적도 있지 않습니까? 그러나 이것을 기억하십시오. 그리스도의 교회와 하나님의 나라에 도전하는 악한 영들에게는 휴가도 없고 제대도 없습니다. 그들은 한결같이 자신들의 전투지에서 최선을 다하여 싸우고 있습니다. 서로 일치단결하여 협력하고 있습니다. 한 치의 점령지라도 양보하지 않기 위하여 헌신하고 있습니다. 그들에 비하면 우리의 헌신은 너무나 미약합니다.

우리가 영적인 전투를 잠시 잊고서 휴가 받은 군인처럼 은밀히 세상의 쾌락을 즐기고 안일한 육체의 일에 골몰하는 동안에, 우리 발 아래 밟혔던 악령들은 다시 소생하고 전열을 가다듬어 우리에게 도전해 옵니다. 어찌해야 합니까? 이것이 바로 우리가 마귀와 싸우는 이 "모든 일을 다 행한 후에도 서" 있어야 할 이유입니다. 그 치열한 영적 싸움을 다 한 후에도, 우리로 하여금 여전히 쓰러지지 않고 즉각 마귀의 새로운 도전에 맞서 싸울 수 있도록 서 있게 하는 것이 무엇입니까? 무엇이 우리로 하여금 이 치열한 영적 싸움에서 최후까지 승리의 웃음을 짓도록 만들어 줍니까?

진정 여러분의 삶이 영적인 전쟁임을 느끼셔야 합니다. 이기고자 하는 열망을 품으십시오. 그것이 바로 당신이 사는 길이기도 합니다. 우리가 영적 싸움에서 승리할 때, 망가뜨려져

서 잡초와 엉겅퀴가 자라고 몹쓸 땅이 되어 버린 황폐한 영적 삶의 정원은 변화됩니다. 황량했던 벌판에는 다시금 새소리가 들리고, 오솔길에는 꽃들이 새로 피어나고, 적막했던 영혼의 뜰에는 주님의 청아한 음성이 또다시 들려옵니다. 우리는 말할 수 없는 기쁨 속에서 찬양의 꽃다발을 그분께 드리는 삶을 이어갑니다. 어떻게 이런 일들이 이루어집니까? 영적 싸움을 통해서입니다. 오직 승리를 통해서입니다.

>당신은 영적 군사입니다
>하나님의 전신갑주를 입으십시오

이것이 오늘 본문이 주는 도전입니다.

4장

진리의 허리띠

Put on the whole armour of God

"그런즉 서서 진리로
너희 허리띠를 띠고"(14절 상).

4 진리의 허리띠

이어서 사도는 세밀한 묘사로 하나님의 전신갑주가 어떤 요소들로 구성되어 있는지를 설명하고 있습니다. "그런즉 서서 진리로 너희 허리 띠를 띠고 의의 호심경을 붙이고 평안의 복음이 준비한 것으로 신을 신고 모든 것 위에 믿음의 방패를 가지고 이로써 능히 악한 자의 모든 불화살을 소멸하고 구원의 투구와 성령의 검 곧 하나님의 말씀을 가지라"(6:14-17).

저는 이 부분을 읽으면서 하나님께 감사드립니다. 왜냐하면 하나님의 전신갑주라는 다소 추상적이고 관념적인 표현이 이 상세한 해설을 통하여 그 의미를 분명하게 드러내 주기 때문입니다. 저는 편의상 전신갑주의 무장들을 설명한 이 세 절의 말씀을 몇 번으로 나누어서 살펴보고자 합니다.

그런즉 서서…

사도는 전신갑주에 대하여 상세한 설명을 하기에 앞서서 먼저 그 전신갑주를 입는 용사들이 서 있어야 함(6:14)을 말합니다. 헬라어 성경은 "그러므로 서 있으라"고 말합니다. 스스로 서 있는 것은 싸우기 위한 가장 기본적인 자세입니다. 전투를 수행하는 병사가 서 있지 않고 앉아 있거나 누워 있다면, 그의 모든 무장은 무의미한 것입니다. 왜냐하면 그는 이미 누워 있음으로써 스스로 싸울 의욕이 없음을 보여주고 있기 때문입니다.

그러면 어떤 것이 서 있는 것일까요? 진정한 의미에서 서 있는 것은 어떤 것일까요? '서 있으라'는 말의 참된 의미는 반드시 똑바로 서 있는 자세를 의미합니다. 허리를 굽히고 있거나 무언가에 기대고 있는 것은 결코 온전히 서 있는 것이 아닙니다. 영적인 싸움을 의식하면서 주 안에서 견고히 서 있는 모습이 무엇입니까? 게으른 태도로 이어가는 방만한 믿음 생활은 도무지 영적인 싸움에 합당한 모습이 아닙니다. 싸움을 위해 서 있는 자세가 아닙니다. 위에 계신 하나님, 싸우는 군대들을 호령하시고 군사들을 지휘하시는 그리스도를 주목하며 서 있는 대신에 이 세상에 기대기를 즐기고, 사람들에 의탁하여 서 있는 것은 영적 군사의 모습일 수가 없습니다.

이 세상을 사랑하고 사치스러운 삶을 즐기는 사람들은 이미 이 영적인 전쟁에 합당치 않도록 허리가 굽은 사람들입니다. 돈을 사랑하고 일락을 즐기는 자는 서 있기는커녕, "살았으나 죽었느니라"(딤전 5:6)라고 성경은 말합니다. 이런 사람들은 영적인 전쟁터로 나아가기에 적합지 않습니다. 영적인 싸움에 나아오는 우리를 향한 사탄의 첫 시도는 우리를 넘어뜨리는 것입니다. 그들로 하여금 서 있지 못하도록 만드는 것입니다. 따라서 영적 군사로 부름받은 우리에게는 신앙적으로 서 있고자 하는 것 자체가 이미 싸움임을 기억해야 합니다.

우리의 육체는 피곤하게 서 있는 것보다는 앉아 있기를 택하고, 앉아 있기보다는 누워 쉬기를 원하며, 누워 있노라면 이윽고 죄악의 잠을 청하고자 합니다. 뿐만 아니라, 세상은 영적 전쟁으로 진군하는 우리의 길에 온갖 올무를 놓습니다. 지금도 우리 곁에는 훌륭한 영적 군사로서 오랫동안 충성된 삶을 살다가 이 같은 올무에 빠진 그리스도인들의 넘어지는 소리가 들리지 않습니까? 큰 영적 군사일수록 넘어뜨리려는 사탄의 공격은 집요하며, 서 있기를 실패할 때 그 쓰러지는 넘어짐도 클 것입니다.

그러므로 이것을 기억하십시오. 서 있는 자마다 사탄의 표적이 되며, 마귀는 자신의 표적에 들어온 자마다 넘어뜨리기 위하여 안간힘을 쓴다는 것입니다. 그들은 우리가 넘어지기에 알맞은 올무를 놓기도 하고, 우리의 삶을 육체의 욕심을 따라가게 하기도 합니다. 성령을 따라 살던 삶으로 하여금 육체를 따라 방만함으로 흐르도록 만들기도 합니다. 돈을 사랑하고 일락에 빠짐으로 영적인 전투를 잠시 잊도록 유혹하기도 합니다.

서 있지 않고 우리가 어떻게 우리를 넘어뜨리기 위해 올무를 놓으려고 다가오는 악한 세력들의 동정을 살필 수가 있겠습니까? 서 있지 않고 어떻게 주의 나팔 소리를 들을 때 달려갈 수 있겠습니까? 서 있는 대신 앉아 있을 때 우리의 손에서는 말씀의 칼이 땅에 떨어지고, 우리가 서 있는 대신 죄악의 잠을 자는 동안에 악한 영들을 겨누던 총구에는 녹이 습니다. 우리가 "좀더 자자 좀더 졸자 손을 모으고 좀더 누워 있자"(잠 24:33) 할 때 사탄은 강도같이 나아오며, 악한 영들은 군사처럼 나아와서 교회의 영성을 파괴하고 우리의 영적 삶을 노략질할 것입니다.

그리스도의 십자가를 붙드는 대신 하나님을 떠나 방탕한 도시 고린도의 정신을 따라간 고린도 교회의 실패는 결국 그리스도인들이 믿음 안에 서 있지 못하기 때문이었습니다. 그래서 사도는 고린도 교회의 문제들을 다루던 고린도전서 마지막 부분에서 이렇게 말합니다. "깨어 믿음에 굳게 서서 남자답게 강건하라"(고전 16:13).

당신은 서 있습니까? 서 있지 않은 자매들에게 말합니다. 하나님을 의지하기보다는 사람에게 기대는 데 익숙한 이들에게 말합니다. 자신의 모습을 발견하시기 바랍니다. 여러분이 앉아서 쉬고 있는 곳이 어디입니까? 여러분이 누워서 죄악의 잠을 자고 있는 곳이 어디입니까? 거기가 여러분의 영혼을 노리는 악령들과의 전쟁터 한복판인 줄 안다면 소스라치게 놀라 일어나고야 말 것입니다.

그리스도 안에서 이미 서 있는 형제들에게 제가 말합니다. 여러분이 서 있음을 인하여 감사하시기 바랍니다. 그러나 여러분이 서 있는 것은 오직 하나님 안에서임을 기억하시기 바랍니다. 다만 그분께서 우리를 그분의 손 안에 붙들어 주시는 때에만 영적인 군사임을 잊지 말아야 합니다. 그토록 오래도록 수많은 영적 전쟁을 치러 승리한 역전의 용사들도 쓰러지는 모습을 보면서 스스로 경계하시기 바랍니다.

당신은 하나님이 보시기에 서 있는 사람입니까? 저기 들리는 저 진군 나팔 소리는 누구를 위한 것입니까? 행군할 나팔은 불렸고, 주님의 호령은 났습니다. 가슴에 아픈 상처를 쓸어안고 주저앉은 형제 자매들이여, 이제는 떨치고 일어나 서십시오. 이제는 눈물을 씻고 일어나 전쟁터로 나서야 할 때입니다.

이어서 사도는 본론으로 들어갑니다. 그토록 다급하게 강조했던 "하나님의 전신갑주를 입으라"는 명령에 비춰 볼 때 사도가 이처럼 하나님의 전신갑주를 자세히 설명하는 것은 조금도 이상한 것이 아닙니다. 신약성경 시대의 사람들은 대로大路를 걸어서 정복의 길에 오르는 늠름한 로마 병정들의 무장한 모습을 흔히 볼 수 있었습니다. 큰 칼을 차고, 방패를 들고, 갑옷을 입고, 군화를 신고, 가슴에는 로마의 병사임을 알리는 호심경을 붙이고 행군하는 군인들 말입니다. 전쟁 때는 군인들처럼 강하게 보이는 사람들이 없습니다.

사도는 이러한 군인들의 모습을 익히 기억하고 있는 에베소 교회의 그리스도인들에게 이러한 무장이 우리 그리스도인들에게는 무엇에 해당하는지를 상세히 설명해 줍니다. "그런즉 서서 진리로 너희 허리 띠를 띠고 의의 호심경을 붙이고 평안의 복음이 준비한 것으로 신을 신고 모든 것 위에 믿음의 방패를 가지고 이로써 능히 악한 자의 모든 불화살을 소멸하고 구원의 투구와 성령의 검 곧 하나님의 말씀을 가지라"(6:14-17).

여기에는 여섯 가지의 전투를 위한 무장이 나옵니다. 즉 허리띠, 호심경, 신발, 방패, 투구, 칼이 그것입니다. 그런데 이들 중 공격을 위한 진정한 무기는 오직 '성령의 검' 하나뿐입니다. 나머지 다섯 가지는 모두 적을 해치기 위한 것이 아니라, 자신을 지키기 위한 것들입니다. 놀라운 사실이 아닙니까? 하나님의 전신갑주라는 이름 아래 언급된 무장은 여섯 가지나 됩니다. 그러나 그 중 단 한 가지를 제외하고는 모두 그 전쟁에서 자신을 보호하기 위한 방어용 장비들입니다. 이 사실은 우리에게 무엇을 말해 줍니까? 이것은 이 영적인 싸움에서 마귀를 공격하는 것보다 자신을 지키는 일이 더욱 어려움을 보여줍니다. 마귀를 공격하는 것은 단 하나의 무기로 할 수 있지만, 그들의 공격으로부터 자신을 보호하는 데는 이토록 많은 군장을 필요로 합니다.

우리는 이 사실을 두려움으로 기억해야 합니다. 승리의 원인은 오직 하나이니 곧 칼로 적을 찌르는 공격이지만, 패배의 원인은 수없이 다양하다는 사실을 기억해야 합니다. 그러면 이제 이러한 무장들에 관해 하나씩 말씀드려야겠습니다.

진리로 허리띠를 띠고…

사도는 이러한 무장들 중에 맨 처음으로 허리띠를 언급합니다. "진리로 너희 허리띠를 띠고…" 사도는 군인들이 차는 허리띠를 말하고 있습니다. 허리띠는 사람들의 복장을 묶어 줌으로써 움직임에 기민하게 해줍니다. 지체하지 않고 진군할 수 있는 복장에는 허리띠가 필수적입니다. 그래서 구약 시대에 이스라엘 백성들이 애굽에서 나올 때, 하나님은 모세를 통해서 그 백성들에게 명령하셨습니다. 유월절에 잡은 어린 양을 먹는 것에 대해서 말씀하셨습니다. "너희는 그것을 이렇게 먹을지니 허리에 띠를 띠고 발에 신을 신고 손에 지팡이를 잡고 급히 먹으라 이것이 여호와의 유월절이니라"(출 12:11). 예수님께서 십자가를 지셔야 할 때가 가까왔을 때, 제자들의 발을 씻기기 위하여 대야에 물을 들고 나아오시는 예수님의 허리에도 수건이 띠로 둘러져 있지 않았습니까(요 13:3, 4)? 또한 배역한 이스라엘을 향한 심판을 예고하는 가운데 하나님의 심판의 도구가 되어 이스라엘을 멸할 이방 나라의 엄습함에 대하여 선지자는 이렇게 말했습니다. "기치를 세우시고 먼 나라들을 불러 땅 끝에서부터 자기에게로 오게 하실 것이라 보라 그들이 빨리 달려올 것이로되 그 중에 곤핍하여 넘어지는 자도 없을 것이며 조는 자나 자는 자도 없을 것이며 그들의 허리띠는 풀리지 아니하며…그들이 부르짖으며 먹이를 움켜 가져가 버려도 건질 자가 없으리로다"(사 5:26-29).

띠는 상체에 있는 옷과 하체에 있는 옷을 몸에 꼭 붙들어 매어 주고, 허리를 눌러 힘을 쓸 수 있도록 만들어 줍니다. 특별히 사도가 이 글을 쓰고 있는 당시 남자들이 즐겨 입던 옷은 지금과 같은 바지가 아니라 치마처럼 된 하의에 상의가 붙은 모양의 옷이었음을 기억하실 필요가 있습니다. 이런 원피스 차림에서는 허리띠가 더욱 필수적일 수밖에 없습니다. 그러나 왕궁에서 사치스러운 삶을 즐기는 사람들에게는 이 같은 허리띠가 필요 없었습니다. 온몸을 휘어감고 발 아래까지 덮어 늘어진 옷을 입고 게으른 삶을 즐겼기 때문입니다.

방만하고 나태한 삶을 은밀히 즐기는 그리스도인들은 도무지 이런 허리띠를 좋아하지 않습니다. 몸을 속박하는 이러한 허리띠는 싸움에나 편리하지, 죄악의 낙을 즐기며 살아가는 방탕한 삶에는 불편하기 짝이 없기 때문입니다. 그들의 삶에는 긴장이 없으므로 허리를 졸라 맬 이유가 없습니다. 진군 나팔 소리가 울려도 참전할 의사가 없으므로, 허리를 묶고 몸을 간편하게 해야 할 이유가 없습니다.

사랑하는 형제들이여! 상상해 보십시오. 칼과 칼이 마주 부딪쳐 불꽃이 튀고, 날아드는 불화살에 진지가 화염에 휩싸이며, 병사들이 외마디 비명 속에 쓰러져 가고, 전장은 유혈이 도랑처럼 흘러가는 싸움터입니다. 그 자리에서 싸우겠다는 사람이 발이 끌리도록 온몸을 휘감은 긴 옷을 입고 군사가 되고자 나왔다고 칩시다. 허리에 띠도 두르지 않고서 말입니다. 우리의 대장 되신 그리스도께서 그의 지원을 진심으로 받아 주실까요?

우리의 늘어뜨린 옷과 같은 방만한 삶을 변화시켜서 주의 호령에 기민하게 움직이며 영적인 전투를 수행할 수 있는 이 허리띠를, 오늘 성경 본문은 '진리'라고 말씀하고 있습니다. "진리로 너희 허리띠를 띠고…" 진리 이외에는 우리를 영적인 싸움에 적합하도록 만들어 줄 수 없음을 기억해야 합니다. 참으로 진리를 알 때 우리의 방만한 삶, 육체를 위하여 흐트러진 삶은 허리에 띠를 두른 준비된 생활로 바뀝니다. 참으로 진리만이 이 일을 할 수 있음을 기억해야 합니다.

마치 여름날 불을 보고도 날아드는 나방처럼, 파멸할 죄인 줄도 모르면서 빠져 가는 이 어리석은 사람들에게 생의 진실을 말해 주는 것이 무엇일까요? 진리가 아니고서야 무엇이 그들과 다름없이 살아가는 육신적인 그리스도인들을 깨워 세상에 대한 사랑을 버리고 영적인 전쟁에 헌신하는 군사로 만들어 줄까요? 이 세상에는 우리를 이렇게 만들어 줄 수 있는 것이 없습니다. 여러분 자신 안에도 그럴 만한 것이 없음을 인정하시기 바랍니다.

진리! 오직 하나님께로부터 주어진 진리의 말씀만이 우리의 늘어진 옷과 같은 태만하고 게으른 삶을 바꾸어 단정한 차림으로 변화시켜 줍니다. 불꽃 튀는 영적 격전지에 합당한 자가 되게 해줍니다.

우리가 하나님의 말씀에 귀를 기울여야 할 이유가 바로 여기에 있는 것입니다. 그 진리가 바로 여러분을 전쟁에 적합한 자로 만들어 주는 띠이기 때문입니다. 여러분이 진실로 그리스도의 군사들입니까? 그렇다면 그 진리가 여러분의 삶의 허리를 동이고 있는지를 보여주십시오. 이전에는 비록 생각 없이 살아왔어도 이제는 그리스도인의 삶이 영적 전쟁임을 깨닫게 되었습니까? 이제는 그 전쟁에 참전하여 싸우기를 원합니까? 그렇다면 여러분은 진리를 사모함으로 이러한 당신의 고백이 진실임을 그분 앞에 보여 드려야 할 것입니다. 아무리 헌신되어 자기의 생명을 버릴 것 같은 군인이라 할지라도, 그가 이 영적 전투에 필수적인 띠를 두르기를 원치 않는다면, 참전을 위한 그의 고백은 진실이 아닙니다. 그의 몸은 잠시 전선에 나왔지만, 그의 마음은 진리로 띠 띠지 않았으므로 여전히 나태하고 안일한 삶을 그리워하고 있는 것입니다. 그의 육체는 전쟁터로 나왔지만, 진리로 띠 띠움으로 인해 받는 속박보다는 거짓과 함께 자유하는 가운데 먹고 마시며 즐기기를 그리워하고 있는 것입니다.

이 띠가 '진리의 띠'라는 사실은 우리에게 큰 교훈을 줍니다. 진리에 대한 관심은 그가 영적인 전쟁에 참여하고자 하는 지원이 진실인지를 입증해 주는 좋은 증거가 됩니다. 싸우기를 원하는 사람이라면 누구나 허리띠를 두를 것입니다. 허리띠를 두르지 않는 군인의 복장은 있을 수 없기 때문입니다. 이렇게 영적인 전투에 관하여 계속 도전하려면, 말씀을 듣는 형제 자매들 중에는 이러한 영적 전쟁의 심각성을 깨닫고 싸우는 용사가 되어야겠다고 결심하는 사람들이 생기곤 합니다. 그러나 그렇게 결심하는 사람들에 비해서 진리에 깊은 관심을 갖는 사람들은 소수입니다. 영적인 전쟁으로 나아가기를 원하는 그의 소원이 진실한 것이라면, 그는 이 세상의 낙을 즐기며 자유롭게 살기보다는 진리에 매이기를 원할 것입니다. 주와 함께 싸우겠노라는 그들의 고백이 진실이라면, 잠시 죄 가운데 평화를 누리기보다는 차라리 진리의 띠에 묶여 전투하는 삶을 택할 것입니다.

이 시간 여러분의 모습을 주목해 보십시오. 그리고 영적인 싸움에 나아가기를 원하는 형제 자매들마다 자신의 허리를 점검하시기 바랍니다. 띠를 두르고 있는지 살펴보시기 바랍니다. 하나님께 기도하시기 바랍니다. 우리가 전투하기에는 너무나 불편하게 늘어져 버린 이 방만한 믿음 생활의 의복을 띠로 묶어 주시기를 간구합시다. 오직 진리를 아는 지식만이 여러분을 이러한 나태한 삶으로부터 새롭게 변화시킬 수 있음을 기억하시기 바랍니다.

그러면 어떻게 이 진리가 영적 군사인 우리의 허리띠가 될 수 있을까요? 오늘 성경은 "진리로 너희 허리띠를 띠고…"라고 말합니다. 기억해야 할 사실이 있는데, 그것은 이 진리의 띠는 객관적으로 존재하는 진리가 아니라는 것입니다. 이것은 차가운 성경의 문자가 아닙니다. 오늘 성경은 "진리가 허리띠가 되리라…"고 말하지 않고, "진리로 너희의 허리띠를 띠고…"라고 말합니다.

이것은 자기의 영혼 속에서 경험된 하나님의 말씀을 가리키는 것입니다. 육신의 소욕에 매인 우리네 삶이 어떻게 성령의 소욕을 따라 살게 됩니까? 보이는 땅엣 것을 바라던 소망이 어떻게 해서 보이지 않는 위엣 것을 위하여 사는 삶으로 변화됩니까? 육체의 욕망을 채우기 위하여 애쓰던 인생들이 어떻게 하나님의 나라를 위해서 이기기를 다툽니까? 어떻게 그들이 변화되어 영적 싸움에서의 승리를 위하여 세상에서 근신하게 됩니까? 어떻게 방만한 삶이 절제 있는 삶으로 바뀌게 됩니까?

이것은 오직 진리를 알 때입니다. 진리가 그의 마음속에 심겨질 때, 그는 영적 군사임을 자처합니다. 절제할 수 있습니다. 그러나 진리에 붙잡히지 않은 그리스도인들의 삶은 자유합니다. 무엇이든 마음이 원하는 대로 합니다. 진리가 그들을 붙잡고 있지 않기 때문입니다. 문자 그대로 하나님을 아는 지식이 없으므로 방자히 행하는 것입니다(잠 29:18). 그 모든 잘못의 한 근원이 되는 이 세상의 특징이 바로 절제할 줄 모르는 욕망입니다. 아무리 삼켜도 꺼질 줄 모르는 불길과 같은 정욕, 이것에 붙들린 사람들의 방종한 삶, 이것이야말로 이 세상의 특징이 아니고 무엇이겠습니까? 육신을 위한 이 욕망의 불길은 너무나 맹렬해서 양심이라는 물로도 끌 수 없고, 도덕이라는 물줄기로도 그 불길을 잡을 수가 없습니다. 법이라는 담장으로도 차단할 수 없고, 지성이라는 찬물로도 불길을 그치게 할 수 없는 타오르는 불꽃입니다.

여기에 붙들려 사는 인간들에게는 도무지 절제와 절도가 없습니다. 지성의 통제를 피하며, 도덕을 넘어서고, 양심을 거스릅니다. 드디어는 하나님의 율법까지 범합니다. 오늘날 이 흥청거리는 세상의 그 물결은 교회에까지 넘나들고, 싸워야 할 영적 군사들까지 그 물결에 붙들리고 있지 않습니까? 그들의 삶은 방종하고 해이합니다. 이 세상의 즐거움과 안락을 위해서는 재빠르나, 하나님의 군사로서 영적 전투지로 나아가기에는 그들의 옷차림이 너무나 거추장스럽습니다. 방만한 삶의 의복을 묶어 줄 띠가 없습니다. 힘을 내도록 허리를 묶어 줄 끈이 없습니다. 그들은 싸움을 하기에 적합하지 않습니다.

사랑하는 형제 자매들이여! 진리에 사로잡히기를 구하시

기 바랍니다. 진리에 귀를 기울이고, 진리를 찾기 위하여 갈망하는 눈을 가지십시오. 진리를 깨닫기 위하여 선포되는 말씀에 마음을 기울이십시오. 무엇보다도 진리의 말씀에 붙들리기를 소원해야 하는 것입니다. 우리의 영적 전쟁이 필요한 사람은 돌비에 새겨진 의문儀文을 이해한 자가 아니라, 진리의 말씀에 영혼이 사로잡힌 바 된 사람입니다. 이 진리에 붙들려 오직 그리스도를 위하여 살기를 소원하는 자들입니다. 이 진리에 붙잡히기를 사모하십시오. 여러분을 군사로 부르신 주님께서 소원하는 여러분을 띠 띠워 주실 것입니다. 그리하여 이 피할 수 없는 전쟁터에서 영적 전투에 날렵한 군사로 만들어 주실 것입니다.

당신의 삶은 전투하기에 충분할 만큼 간편합니까?
당신의 삶은 진리에 붙들려 있습니까?

본문은 이것을 도전합니다.

5장

의의 호심경

Put on the whole armour of God

"그런즉 서서…
의의 호심경을 붙이고"(14절 하).

5 의의 호심경

우리는 전신갑주의 무장에 대해서 하나씩 살펴보고 있습니다. 사도가 영적 군사의 전투 장비로서 가장 먼저 열거한 것은 '진리의 띠'였습니다. 앞에서는 영적인 대적들과 맞서 싸우기에는 너무나 방만하게 흐트러져 버린 우리의 삶을 묶어 주어 전투에서 날렵하게 하는 진리의 띠(엡 6:14)에 대해서 살펴보았습니다.

사도는 "진리의 띠로 허리를 동이라"고 말한 뒤에 곧 이어서 '의의 호심경'을 붙이라고 명령합니다. 군인에게 있어서 허리띠가 늘어진 복장을 묶어 간편하게 하고 허리를 압박함으로써 싸움에 날렵한 자로 만들어 주는 것이라면, 의義의 호심경은 군인의 치명적인 위험 부위를 보호해 주는 호신용 전투 장비입니다.

호심경을 말할 때, 우리는 먼저 구약 시대의 제사장들의 흉패를 머리에 떠올리게 됩니다. 출애굽기 28장과 29장을 보면 하나님께서 모세에게 제사장의 예복을 만들도록 상세히 계시하시는 것을 볼 수 있습니다. 제사장들의 가슴에는 사방 한 뼘씩 되는 넓이로 청색, 자색, 홍색실과 가늘게 꼰 베실로 천을 짜서 거기에 이스라엘의 열두 지파를 상징하는 열두 개의 보석을 나란히 박았습니다. 이것이 바로 에봇이라고 불리는 겉옷 위에 붙여 입는 흉패였습니다.

그러나 사도가 영적 군사들의 무장을 언급하는 가운데 호심경을 거론하는 것으로 미루어 볼 때, 본문에서 이야기하는 호심경은 제사장들의 옷차림에서 볼 수 있는 그런 화려한 장식용 흉패를 가리키는 것 같지는 않습니다. 오히려 지금 사도가 이 서신서를 기록하면서 염두에 둔 것은 당시 로마 군인들의 무장 속에서 볼 수 있었던 전투용 호심경이었습니다. 지금 우리 앞에 있는 에베소서 본문은 제사가 아니라 전쟁에 대해서 언급하고 있기 때문입니다. 더욱이 이 서신을 받고 있는 에베소 교회는 주로 이방인들로 이루어진 소아시아 지방의 교회였습니다. 그들은 구약의 제사 전통에 생소했을 것이라는 사실 때문에 더욱 그러합니다. 사도는 당시 누구나 흔히 볼 수 있던 로마 군인의 무장 중 하나인 호심경을 통해 영적 군사의 전투 장비를 설명하고 있는 것입니다.

이 호심경은 당시 군인들이 가슴에 차고 다니던 것이었습니다. 놋쇠로 만들거나 금속으로 된 가느다란 사슬 같은 것을 엮어서 만든 것을 가슴에 매달고 다녔습니다. 이것은 적의 칼이나 창, 혹은 화살로부터 가슴을 보호하기 위한 것이었습니다. 특별히 상처를 받을 경우 치명적인 것이 될 수 있는 심장 부위를 보호하기 위한 것이었습니다. 그런데 오늘 말씀은 이 호심경을 '의의 호심경'이라고 부르고 있습니다. 이것을 영적 전투에서 필수적인 무장으로 언급하고 있습니다. 의의 호심경, 이것이 뜻하는 바가 무엇일까요?

이 호심경은 가슴에 붙이는 것이었습니다. 그리고 이 호심경은 의의 호심경이었습니다. 이것은 영적인 전쟁에 나아가고자 하는 군사들의 마음이 무엇으로 가득 차야 하는지를 보여줍니다. 당시 유대인들과 로마의 지배를 받는 아시아인들이 흔히 볼 수 있었던 로마의 전쟁은 대부분 정복이나 제국에 대한 반란을 제압하기 위한 것이었습니다. 로마 제국은 항상 그칠 줄 모르는 정복의 야욕에 들떠 있었고, 따라서 그들이 세운 군대의 장군들은 그들의 가슴이 항상 정복의 야욕으로 가득 찬 사람들이었습니다. 그러한 장군들에 의해 통솔되는 군인들 역시 이러한 생각을 본받아야 했습니다. 그래서 흔히 먼 행군에 지친 병사들을 독려하기 위하여 지휘관들은 이렇게 외치곤 했습니다. "저 산만 넘자. 그리고 정복하자. 그러면 마을의 술과 여자들이 모두 너희의 것이 될 것이다." 이 군인들의 가슴에 있는 것은 오직 정복을 위한 야욕과 탐심뿐이었습니다.

그러나 사도 바울은 지금 이 세상의 다른 나라와의 싸움이 아닌 영적 전쟁을 말하고 있습니다. 세상의 땅 덩어리를 정복하기 위하여 출전하는 군인이 아닌, "통치자들과 권세들과 이 어둠의 세상 주관자들과 하늘에 있는 악의 영들"(6:12)을 토벌하기 위하여 나서는 영적 군사인 그리스도인에 대해서 말합니다. 육적인 전투가 아닌 영적인 전투, 혈과 육에 대한 씨름이 아닌 통치자들과 권세들과 이 어둠의 세상 주관자들과 하늘에 있는 악의 영들에 대한 전쟁, 이 세상을 위하여 싸우지 않고 하나님의 나라를 위하여 싸우는 영적 군사의 호심경에 대하여 말합니다. 성경은 오늘 이 호심경이 '의의 호심경'이라고 말하고 있습니다.

　당시 로마의 군인들이 자신의 목숨을 부지하고 육신의 영달榮達을 위하는 탐심으로 가득 찬 가슴으로 전쟁에 나아갔다면, 오늘 사도를 통해서 영적 전쟁으로 부르심을 받은 우리는 어떤 가슴으로 이 싸움에 나아가야 할까요? 그 영적 군사들의 가슴 속에는 무엇이 있어야 할까요? 성경은 우리에게 밝히 말해 줍니다. 의의 호심경! 그렇습니다. 이 영적인 전투에 나아가고자 하는 그리스도인들의 가슴은 언제나 이렇듯 하나님의 의로 불타올라야 합니다. 그리스도의 영적 군사들은 하나님 나라의 의에 대한 열망으로 타오르는 가슴을 지닌 자들이어야 합니다. 심장이 뛰고 있는 한, 그들의 가슴은 이 불의한 세상에서 의로운 삶을 사모하고 이 땅에 하나님의 의가 이루어지기를 사모하는 사람들이어야 합니다. 이것이 바로 영적 군사의 무장이며 표지標識입니다.

　주님은 이렇게 말씀하셨습니다. "의에 주리고 목마른 자는 복이 있나니 저희가 배부를 것임이요"(마 5:6). 하나님의 의에 목말라 하는 것이 천국 시민의 자격이라면, 하나님의 나라를 위하여 싸우는 용사들에게는 이러한 하나님의 의에 대한 열망으로 불타는 가슴을 갖는 것이야말로 전투병의 자격입니다. 생각해 보십시오. 주님께서는 우리를 영적인 군사로 부르고 계십니다. 우리는 싸우기 위하여 전신갑주를 입고 있습니다. 그러고는 드디어 행군 나팔 소리와 주의 진군하는 호령 소리를 듣습니다. 사기가 충천한 가운데 전쟁터로 달음박질하여 나아갑니다.

무엇을 위하여 싸우는 것입니까? 그 영적 전쟁에서 그렇게 싸우면 마지막 승리를 통해서 얻어지는 것이 무엇입니까? 마귀는 주님이 미워하시는 우리의 대적이니 무찌르고 보는 것입니까? "통치자들과 권세들과 이 어둠의 세상 주관자들과 하늘에 있는 악의 영들"(6:12)을 무찌름으로써 궁극적으로 얻고자 하는 우리의 목표는 무엇입니까? 우리 앞에 대적하는 이 모든 악령의 세력들을 소탕한 다음에 이루어지는 것이 무엇입니까?

그것은 바로 하나님의 의입니다. 이 세상에서 하나님의 뜻이 온전히 이루어지는 하나님 나라의 실현이 바로 이 전쟁의 목표입니다. 오늘날 우리 주 예수 그리스도의 복스러운 복음을 거절하는 세상을 돌아보십시오. 하나님은 모든 사람이 예수를 믿어 구원받는 데 이르기를 원하고 계십니다. 이것이 하나님의 뜻입니다. 그러나 지금도 사탄의 세력들은 이러한 구원 사역을 방해하며 하나님의 뜻이 온전히 이루어지지 못하도록 방해하고 있습니다. 그래서 성경은 말합니다. "만일 우리의 복음이 가리었으면 망하는 자들에게 가리어진 것이라 그 중에 이 세상의 신이 믿지 아니하는 자들의 마음을 혼미하게 하여 그리스도의 영광의 복음의 광채가 비치지 못하게 함이니 그리스도는 하나님의 형상이니라"(고후 4:3-4).

이 땅에 계실 때 우리 주님의 간절한 소원이 무엇이었습니까? 우리에게 가르쳐 주신 주님의 기도 제목이 무엇이었습니까? "하늘에 계신 우리 아버지여 이름이 거룩히 여김을 받으시오며…"(마 6:9). 이것이 주님이 이 땅에 계실 때나 지금 보좌 우편에 앉으신 때나 가장 절박한 기도 제목입니다. 그러나 오늘날 부족한 것 없이 흥청거리는 이 민족의 도시를 보십시오. 세상의 거리를 보십시오. 이 세상에서 하나님의 이름은 모욕을 받으며, 아버지는 당신의 지으신 세상을 통하여 마땅히 받아야 할 영광을 받으시는 대신 지푸라기 같은 인생들로부터 끝없는 반역과 대적과 도전을 받고 계십니다.

우리 주님은 이 땅에 하나님의 나라가 임하기를 간절히 기도하셨습니다(마 6:10). 그러나 세상에는 여전히 하나님의 통치가 없는 것처럼 스스로 주인노릇 하며 살아가는 나라가 너무나 많습니다. 마치 시인이 이렇게 말했던 것처럼 말입니다. "세상의 군왕들이 나서며 관원들이 서로 꾀하여 여호와와 그의 기름 부음 받은 자를 대적하며 우리가 그들의 맨 것을 끊고 그의 결박을 벗어 버리자 하는도다"(시 2:2-3). 또한 성경은 이렇게 말씀합니다. "창세로부터 그의 보이지 아니하는 것들 곧 그의 영원하신 능력과 신성이 그가 만드신 만물에 분명히 보여 알려졌나니 그러므로 그들이 핑계하지 못할지니라 하나님을 알되 하나님을 영화롭게도 아니하며 감사하지도 아니하고 오히려 그 생각이 허망하여지며 미련한 마음이 어두워졌나니 스스로 지혜 있다 하나 어리석게 되어 썩어지지 아니하는 하나님의 영광을 썩어질 사람과 새와 짐승과 기어다니는 동물 모양의 우상으로 바꾸었느니라"(롬 1:20-23).

우리는 이렇게 잘못되어 가고 있는 불의한 세상을 변혁하는 하나님의 의를 실현하기 위해 싸우도록 부르심을 받은 영적 군사들입니다. 따라서 군사로 부름받은 그리스도인들은 이와 같이 온전히 이루어지지 못한 하나님의 의에 대해 타는 듯한 목마름으로 전투에 나서는 자들이어야 합니다. 우리의 소망은 결코 적군을 죽이고 전리품으로 그들의 금붙이나 나누어 가지는 것일 수 없습니다. 이 처절한 싸움에 나서는 우리가 가슴 가득 벅차게 사모하는 바는 결코 적군을 이기고 먹을 양식이나 의복 나부랭이를 탈취하는 일일 수 없습니다. 우리의 가슴을 지배하는 것은 오직 하나님의 나라와 그의 의의 회복을 향한 타오르는 갈망입니다. 하나님의 뜻이 이루어지지 않은 사탄의 점령지를 탈환하여 하나님 나라의 깃발을 세우는 것입니다. 마귀의 지배를 받으며 하나님의 말씀에 불순종하던 영혼들을 복음으로 정복하고 그들의 가슴에 성령이 오셔서 이전의 죄를 미워하는 자들로 만들어 주시는 것입니다.

그리하여 그들 또한 우리와 같이 이 세상 사람들의 불의한 행실을 보고 들을 때 상처받기까지 의로운 심령이 되기를 소원하는 것입니다. 자기가 의롭게 살기를 사모할 뿐 아니라, 세상이 그런 의로운 나라로 서기를 갈망하며 싸우는 군사들로 서는 것입니다. 영적 군사들인 우리 그리스도인들은 하나님의 의를 파괴하고 반란을 일으킨 악한 영들의 세력을 토벌하기 위하여 모인 군사들입니다. 우리의 소원은 결코 전쟁에서 이겨 탈취물이나 나누는 세속적인 것이 아닙니다. 우리는 주님의 나라를 위하여 넘치도록 헌신할 때 상 주시는 하나님 이심을 믿지만(히 11:6), 우리가 생명을 걸고 이 싸움에 나선 것은 결코 그 상급만이 동기가 되어서는 안 됩니다. 우리는 그리스도의 거룩한 고난과 대속의 십자가를 통하여 하나님의 자녀가 되었고, 그 주님이 우리를 영적인 싸움으로 부르셨기 때문입니다. 따라서 우리의 간절한 소원은 이 헌신된 싸움을 통하여 이 땅에 하나님의 의가 이루어지는 것입니다. 공법의 해일이 오염된 해변과 같은 세상을 쓸어 가고, 하나님의 정의가 막을 수 없는 강이 되어 메마른 땅을 적시게 되는 것입니다. 그리하여 마침내 하나님의 영광이 물이 바다를 덮음같이 세상 가득하게 인정되는 것입니다.

한때 풍성한 열매로 주인을 기쁘게 하던 옥토와 같았으나, 이제는 묵은 땅과 같이 황폐하게 되어 버린 이스라엘을 향하여 호세아 선지자는 말합니다. "지금이 곧 여호와를 찾을 때니 너희 묵은 땅을 기경하라"(호 10:12). 이어서 선지자는 이렇게 묵은 땅을 기경하라고 외치는 선지자의 간절한 바람이 무엇인지를 말해 줍니다. "마침내 여호와께서 오사 공의를 비처럼 너희에게 내리시리라"(호 10:12). 영적 전쟁에 참가하는 우리의 소원도 동일합니다. 그것은 영적 전쟁을 승리로 이끌고 나면 이루어질 하나님의 의입니다.

우리가 이렇게 하나님의 의를 위하여 싸우도록 부르심을 받았다면 우리의 가슴은 어떠해야 할까요? 마땅히 우리의 가슴은 먼저 하나님의 의를 사모하고 이 땅에 온전히 이루어지지 못한 그 의에 대해 불타올라야 할 것입니다. 부패한 마음은 패역한 세상을 인하여 고민하지 않습니다. 불의한 가슴으로는 이 땅에서 굽어진 하나님의 공의를 인하여 애통할 수 없습니다. 우리의 삶이 세상과 다름없이 타락한 것이라면, 어찌 그 어둠의 세상 주관자들과 싸울 수가 있겠습니까? 우리의 가슴이 하나님의 나라와 그 의에 불타오르는 대신 이 세상의 풍조를 좇는 육욕의 노예가 되어 있다면, 우리가 어떻게 통치자들과 권세들과 대항하여 싸울 수 있겠습니까?

우리는 이 의의 호심경이 영적 전쟁에서 너무나 필수적인 것임을 알고 있습니다. 우리의 이 작은 가슴들이 이처럼 하나님 나라의 의가 이 땅에 이루어질 것에 대한 기대로 충만해지기를 소원합니다. 우리는 십자가의 군사이기 때문입니다. 그럼에도 불구하고 우리의 삶은 너무나 쉽게 불의에 굴복하고, 우리의 마음은 의에 주리고 목마르기보다는 세상이나 세상에 있는 것들에 대한 탐심으로 가득 차기가 일쑤입니다.

영적 군사로 부름받은 우리 중 많은 사람들이 이 점에서 실패합니다. 어떤 이는 전투복을 입고서 무장은 했으나 가슴이 노출되었습니다. 사탄은 호심경이 벗겨져 방비할 것이 없는 가슴을 공격했습니다. 여러분의 가슴에 난 크고 작은 많은 상처들이 그것입니다. 때로는 사람을 통해서, 때로는 환경을 통해서 사탄은 우리의 가슴을 공격합니다. 의의 호심경이 없을 때 우리의 가슴은 드러나 적군의 표적이 됩니다. 우리의 가슴이 하나님 나라의 의에 대한 열망으로 타오르지 않고 우리의 삶이 의로움과 경건을 추구하지 않을 때 나타나는 현상이 있습니다. 그것은 사람들 속에서 쉽게 상처받는다는 것입니다. 강한 군사의 삶을 살았던 사람들은 처음부터 강하게 태어난 사람들이 아니었습니다. 하나님이 강하게 하셨습니다. 또한 그들은 그 나라와 의를 추구하는 삶을 통해서 하나님께로부터 끊임없이 강해지는 법을 배우게 되었습니다. 그들의 삶의 이유는 하나님의 나라였고, 가슴은 그 나라의 의에 대한 열망으로 가득 차 올랐습니다.

중세 말기의 종교개혁 이전의 개혁자로 알려진, 기롤라모 사보나롤라Girolamo Savonarola의 생애는 이 같은 일의 한 예증이 됩니다. 실로 그의 생애는 하나님 이외에 아무것도 두려워하지 않는 생애였습니다. 그의 가슴은 하나님의 의로 불타고 있었고, 이 순결한 개혁자의 눈에 비친 조국 플로렌스는 눈물 없이는 바라볼 수 없는 심판이 임박한 도성이었으며, 그 도성 가운데 있는 로마 교회는 이러한 온갖 부패와 타락에 있어서 오히려 세상과 앞다투고 있었습니다. 1482년 사보나롤라는 레지오 드 에밀라에서 개최된 도미니코 수도회 총회에 자기가 소속된 성 마르코 수도원의 대표로 참석했습니다. 첫째 날 수도사들이 교리 문제를 토론할 때, 그는 시종 침묵을 지켰습니다. 그러나 이튿날 타락한 교직자에 대한 징계 문제가 거론되자, 그는 자리에서 일어나 타오르는 듯한 어조로 당시의 교회와 성직자들의 타락과 더러운 부패상을 호되게 질타했습니다. 그의 영혼은 작렬했고, 그의 말은 설교가 되어 급류와 같이 흘렀습니다.

당시 플로렌스의 문예 부흥을 돕기 위하여 후원하던 타락한 지도자 메디찌는 사보나롤라로 하여금 시민들의 죄와 자신의 부패를 탄핵하는 설교를 하지 말도록 아첨하기도 하고 뇌물을 보내기도 하고 협박해 보기도 했습니다. 하지만 그는 조금도 요동하지 않았습니다. 추기경의 붉은 모자를 씌워 주겠노라는 교황의 제의를 받들고 온 특사에게 설교 시간을 통해 이렇게 응답했습니다.

"내가 원하는 것은 추기경의 붉은 모자가 아니라, 오직 교회의 머리이신 주님께서 주신 바 순교의 피로 물든 붉은 모자입니다. 내가 바라는 것은 오직 그것뿐입니다."

그는 매주일 부패한 조국 플로렌스의 죄악을 눈물로 고발하고 있었습니다. 사람들은 그의 설교를 들었고, 작렬하는 영혼 속에서 쏟아져 나오는 하나님의 의에 대한 선포는 천둥 소리와 같은 감동으로 다가왔습니다. 악한 회중들을 향한 그의 선포는 결코 이슬처럼 내리지 않았습니다. 그것은 내려 때리는 우박이었고, 대지를 휩쓸고 지나가는 회오리 바람이었으며, 악한 것을 쳐부수는 것이었습니다. 교회는 조국의 죄악을 인하여 애통하는 울음 소리로 가득 찼습니다. 남자나 여자나 노동자나 시인이나 철학자나 모두가 흐느껴 울었습니다. 자신의 죄악과 조국의 죄악을 인하여 애통해 했습니다. 그들은 의를 사모하는 사람들로 변화되었습니다. 플로렌스의 백성들은 악하고 세속적인 책을 버리고 사보나롤라의 설교집을 읽었습니다. 모든 사람들이 말씀을 듣기 위해 교회당에 모였고, 형식적인 신자들은 자신의 죄악을 애통해 하며 하나님 앞으로 나아가는 제사장들이 되었습니다. 부자들은 재산을 팔아서 가난한 동포들에게 나누어 주었고, 상인들은 부정하게 취했던 이득을 되돌려 주었습니다. 건달들이 사라지고, 부랑아들의 야비한 노래가 찬양으로 바뀌었습니다.

백성들은 그동안 몰두해 오던 허영과 사치를 버리고 타락한 사육제謝肉祭의 행사도 그쳤습니다. 누구의 강요도 없이 스스로 그렇게 했습니다. 가발과 가면, 세속적인 책과 음란한 그림 등을 불태웠습니다. 사람들은 찬양을 부르며 이런 헛된 것들을 거두었고, 그것을 플로렌스 광장에 쌓았습니다. 팔각형의 피라미드로 쌓았습니다. 그것은 7층으로 되어 있었는데, 1층만도 그 둘레가 72미터, 높이가 18미터였으니 가히 산더미였습니다. 하나님께로 돌아온 이 사람들은 찬양을 부르고 종을 울리며 여기에 불을 붙였습니다. 이것이 1497년의 일이었습니다.

그는 이후로 더 혹독한 박해와 시련을 한 몸으로 받으며 살다가 1498년 악랄한 교황 알렉산더 6세의 명령에 따라 자기가 그토록 사랑하던 조국 플로렌스 광장에서 화형을 당했습니다. 모든 것을 하나님과 조국을 위하여 바쳤던 그 사람 사보나롤라는 마지막 남은 육신마저 삼키고자 타오르는 불길 속에서 마지막 유언을 남겼습니다.

"주님은 나를 위하여 큰 고난을 당하셨도다."

그는 죽었습니다. 그러나 하나님의 의를 사모하던 그의 영혼은 살아서 다음 세대를 깨웠고, 젊은 개혁자들의 가슴에 불을 지펴 종교개혁의 새벽이 오게 했습니다. 홀로 외롭게 살며 한 시대를 깨워 하나님 앞에 세웠던 그는 참으로 강한 사람이었습니다. 그는 참으로 하나님 앞에서밖에는 울 줄 모르는 용사였습니다. 시대의 완악함을 능가하는 강인한 사람이었습니다. 이 세상의 어떤 것도 그의 가슴에 상처를 내어 사람 앞에서 울게 만들 수는 없었습니다. 의의 호심경! 곧 그의 가슴에 불타는 의에 대한 사모함이 그를 그토록 강하게 만들었습니다. 우리 시대는 이러한 사람을 필요로 합니다.

오, 하나님! 우리에게도 이런 강함을 주옵소서.

당신은 영적 군사입니다
당신의 가슴은 하나님의 의로 가득 차야 합니다

이것이 본문의 도전입니다.

6장

복음의 신발

Put on the whole armour of God

"평안의 복음이 준비한 것으로
신을 신고"(15절).

6 복음의 신발

우리는 이제 영적 군사의 전신갑주 중 세 번째 전투 장비인 신발에 대해서 살펴볼 때가 되었습니다. 사도는 우리에게 이 세 번째 장비에 대해서 이렇게 말합니다. "평안의 복음이 준비한 것으로 신을 신고" 말뜻이 좀 애매합니다. 이 부분을 헬라어 성경으로는 이렇게 읽습니다. "그 평강의 복음의 장비로 너희 발들에 신을 신기우고."

평안의 복음
사도는 먼저 복음의 신발을 이야기하기에 앞서 복음이 무엇인지에 대해서 말해 줍니다. 그것은 "평안의 복음"이라고 합니다. 헬라어 성경에 '에이레네'eirene라고 기록되어 있는 '평안'이라는 단어와 동치同値되는 히브리어는 우리가 잘 알고 있는 '샬롬'shalom입니다. 우리가 가지고 있는 복음은 샬롬, 곧 평강의 복음이라는 것입니다. 성경이 우리에게 가르쳐 주는 참된 평화는 샬롬입니다. '피스'peace가 아닙니다. peace는 하나님과는 상관없이 인간들 속에서 이루어지는 "전쟁과 고통이 없는 상태"를 가리키는 말입니다. 사람들의 간절한 소망은 바로 이 평화입니다. 그러나 사람들이 평화를 갈망하면 할수록 이 세상은 이러한 소망과는 상관없이 더욱더 불안과 갈등을 향해 나아가곤 합니다.

전 세계는 두 번에 걸친 끔찍한 전쟁을 치른 후에 귀중한 교훈을 얻었습니다. 그것은 이런 것이었습니다. 전쟁이 없는 평화 세계를 건설하지 못한다면 인류의 모든 수고와 문화적 업적이 한 순간에 잿더미가 될 것이며, 마침내 이 지구는 아무것도 존재하지 않는 황폐한 행성이 될 것이라는 사실이었습니다. 더욱이 오늘날과 같이 발달한 과학의 신병기 시대에 살고 있는 때는 더욱 그러합니다. 그래서 사람들은 저마다 머리를 맞대고 골똘히 지혜를 모으고 있습니다. 전쟁과 고통이 없는 평화로운 세계를 만들기 위해서입니다. 때로는 무력을 동원해서라도 평화를 지켜 보려고 합니다.

그럼에도 불구하고 우리의 경험은 이러한 노력들이 온전한 평화를 가져다주지는 못한다는 사실을 가르쳐 줍니다. 평화를 위한 노력이 전쟁을 막아 줄지는 모르지만, 사람들의 영혼 속에 깃들어야 할 참 평강을 가져다 주지는 못합니다. 전쟁이 그치고 포성이 멎어도, 사람들의 마음은 가치를 잃고 헤매며 왜 살아야 하는지에 대한 해답도 구하지 못한 채 방황합니다.

전투는 없어도 사람들 속에 있는 이웃을 향한 미움과 시기는 계속됩니다. 미움과 시기가 남아 있고, 사람들의 삶이 자기만을 위하여 이욕利慾으로 이어지는 한, 그 세상 속에는 불안이 계속됩니다. 그토록 원하는 참된 평화는 없습니다.

무엇 때문일까요? 사람들이 그토록 평화를 원함에도 불구하고 그것을 누리지 못하는 까닭은 무엇일까요? 세상은 이것을 알아야 합니다. 평화는 샬롬이 없는 한 참 평화가 아니라는 것입니다. 샬롬! 이것도 평화를 가리키는 말입니다. 그러나 이 샬롬은 하나님과의 화목으로 말미암는 평화입니다. 하나님과의 화목이 없이 온전한 평화를 바라는 것은 마치 구름 없는 하늘에서 비가 내리기를 바라는 것과 같습니다. 세상이 그토록 원하는 이 평화는 이 세상 사람들이 하나님과 화목케 되는 샬롬을 소유하는 일 없이는 결코 온전히 이루어질 수 없음을 기억해야 합니다.

십자가 앞에 나아오지 않는 이 세상은 여전히 하나님을 떠나 있으며, 자기를 만드신 하나님을 등지고 반역하며 살아가고 있습니다. 이 시대의 패역함이 바로 그 결과입니다. 우리도 이전에는 바로 그런 세상을 만들어 가던 사람들이었습니다. 그래서 성경은 말합니다. "그는 허물과 죄로 죽었던 너희를 살리셨도다 그 때에 너희는 그 가운데서 행하여 이 세상 풍조를 따르고 공중의 권세 잡은 자를 따랐으니 곧 지금 불순종의 아들들 가운데서 역사하는 영이라 전에는 우리도 다 그 가운데서 우리 육체의 욕심을 따라 지내며 육체와 마음의 원하는 것을 하여 다른 이들과 같이 본질상 진노의 자녀이었더니 긍휼이 풍성하신 하나님이 우리를 사랑하신 그 큰 사랑을 인하여 허물로 죽은 우리를 그리스도와 함께 살리셨고, 너희는 은혜로 구원을 받은 것이라"(엡 2:1-5). 그리스도로 말미암아 믿음을 인하여, 그러한 세상으로부터 우리를 구원해 주셨습니다.

이렇게 하나님과 화목케 되는 샬롬 없이는 진정한 평화는 이루어지지 않습니다. 하나님은 이 세상의 흩어진 사람들과 갈라지고 나누어진 이 땅의 백성들을 십자가로 하나가 되게 하셨습니다. 십자가 안에서 유대인과 이방인의 그 높은 담이 무너졌고, 종과 자유인이 하나가 되었습니다. 어떻게 선민 의식이 강한 교만한 유대인과 지식의 우월함을 뽐내는 헬라인들이 하나가 될 수 있었습니까? 어떻게 종과 자유인이 하나가 되어 서로를 형제라고 부를 수 있게 되었습니까? 무엇을 통해서 이 같은 일이 가능해졌습니까?

그것은 바로 샬롬, 하나님과의 화목 때문이었습니다. 그리스도께서 십자가를 통하여 그들을 하나님과 화목하게 하셨습니다. 자기가 죄인임을 고백하고 회개하는 자들에게 십자가는 우리의 죄를 용서해 주시는 하나님의 구원 방법이 되었습니다. 주님은 당신의 몸을 십자가에서 찢으심으로 하나님과 그들 사이에 막혔던 담을 허무셨고, 그 나무에서 당신의 피를 다 쏟으심으로써 보좌에 이르는 새롭고 산 길을 열어 주셨습니다. 그분의 깨뜨린 육체로 찢으신 휘장을 지나고, 흘린 보혈로 뿌리신 핏길을 걸어서 거룩하신 하나님께 나아가게 되었습니다. 아버지와 영원히 화목하게 되었습니다.

죄인이었던 사람들이 이제는 그리스도의 피로 말미암아

하나님과 가까워져 그를 대면하여 아버지라 부를 수 있게 된 것입니다. 그들은 바로 이러한 하나님과의 화목, 샬롬을 통해서 하나 되었던 것입니다. 각자가 하나님과 화목하게 된 평강을 소유할 때, 그들은 예수 안에서 평화를 누리는 한 가족이 되었던 것입니다. 그러면 사람들이 무엇을 통해서 이렇게 하나님과 원수 되었던 관계에서 돌이켜서 그분과 화목케 됩니까? 무엇을 통해서 그들이 이러한 하나님과의 샬롬을 누리게 됩니까?

그것은 바로 복음을 통해서입니다. 복음은 이처럼 하나님을 등진 인생들을 돌이켜 하나님과 화목하게 만들어 주는 능력입니다. 복음은 이처럼 사람들이 아무리 노력해도 얻을 수 없는 참된 샬롬의 평화를 가져다주는 능력이 있습니다. 이 세상의 어느 누구도 이 복음을 통하지 않고서는 하나님과의 화목을 누릴 수 없습니다. 참 평안을 얻을 수 없다는 것입니다. 복음! 그리스도께서 우리를 위하여 죽으시고 다시 살아나사 부활하시고, 그를 믿는 자에게 하나님과 화목하게 되는 자녀의 권세를 주시는 방법인 이 복음이 아니고서는 이 세상은 아무 소망이 없다는 것입니다. 그래서 사도는 말합니다. "내가 복음을 부끄러워하지 아니하노니 이 복음은 모든 믿는 자에게 구원을 주시는 하나님의 능력이 됨이라 먼저는 유대인에게요 그리고 헬라인에게로다 복음에는 하나님의 의가 나타나서 믿음으로 믿음에 이르게 하나니 기록된 바 오직 의인은 믿음으로 말미암아 살리라 함과 같으니라"(롬 1:16-17).

세월이 흐르고 시대가 바뀝니다. 사람들은 물질적으로 점점 부요하게 살아가며 많은 문명의 혜택을 누리지만, 그렇다고 해서 결코 점점 더 행복해져 가는 것은 아닙니다. 사람들의 관심은 그 육체에 있습니다. 하나님을 등진 그들의 영혼의 상태가 이 모든 불행과 문제의 근원임에도 불구하고 말입니다. 따라서 세상의 가장 큰 숙제는 복음을 통해서 하나님과의 화목을 누리는 샬롬입니다. 하나님을 믿지 않는 이 세상은 그리스도의 십자가를 믿음으로 하나님과 화목하게 되는 일들이 절박하게 필요합니다.

하나님을 믿었다고 할지라도 우리가 이렇게 아들을 믿을 때 주신 하나님과의 화목을 누리며 살아가지 못하고 있다면, 우리 또한 회개함으로 하나님과의 화목한 삶을 이어가야 합니다. 하나님께서 우리에게 복음을 주신 것은 다만 우리 영혼의 구원을 위함만이 아니요 삶으로 하나님을 섬기는 군사가 되게 하시기 위함입니다. 죄악 가운데 있는 심령은 곤고하며,

하나님과의 화목을 회복하기까지는 행복해질 수 없습니다. 그러므로 우리는 매일매일을 오직 주님을 기쁘시게 하는 생활로 일관해야 합니다. 하나님과의 화목한 관계를 지켜 가야 하는 것도 바로 이 때문입니다.

이 모든 일을 가능하게 하는 것이 바로 복음입니다. 그래서 오늘 본문은 이 복음을 '평안의 복음' 곧 '샬롬의 복음'이라고 말하는 것입니다. 사람들은 오직 이 복음을 들음으로써만 구원받을 수 있고, 하나님과 화목될 수 있는 것입니다. 그리고 세상의 온전한 평화는 바로 이러한 하나님과의 샬롬을 통해서만 이루어질 수 있습니다. 우리는 실로 이 사실을 확신해야 합니다. 오늘날 많은 교회들은 복음이 세상의 유일한 소망이라는 확신을 양보하고 있습니다. 말로는 믿는다고 해도 믿는 것처럼 드러나지 않고 있습니다. 복음에 대한 신뢰는 식어지고 있고, 그래서 구령의 불길은 사위어 가고 있습니다. 교회가 하나님의 영광스러운 다스림 아래 있었던 시기에는 성도들이 이 사실을 굳게 확신하고 있었습니다. 교회가 이 복음을 굳게 붙잡지 못할 때 능력 있는 말씀 선포는 멎었고, 교인들의 구령의 열정은 식었습니다. 교회가 이 세상의 잃어버린 영혼을 향한 눈물을 잃어버릴 때 영성은 급속히 쇠락했고,

교회의 영적 상태는 "차지도 아니하고 뜨겁지도 아니한"(계 3:15) 라오디게아 교회의 후계가 되어 버렸습니다.

복음의 신발

그러면 이러한 평안, 즉 샬롬을 가져다주는 복음으로 신발을 신으라는 명령은 무엇을 뜻하는 것일까요? 우선 우리는 이 신발이 전신갑주의 목록 속에 들어 있다는 것이 왠지 좀 의외라는 느낌을 받습니다. 칼을 매달 수 있는 큰 허리띠, 쇠로 만들어서 가슴을 보호해 주는 호심경, 화살을 막아 주는 방패, 투구, 검 같은 것은 당연히 군인들에게 고유한 무장입니다. 군인들에 대해서가 아니라면 이런 장비들은 생각할 수가 없겠지요. 그러나 신발은 누구든지 신고 다니는 것이었습니다. 당시 아주 천한 노예들을 제외하고는, 누구든지 어디서나 신고 다니는 신발이 어떻게 영적인 전쟁에 나가는 군사에게 필수적인 장비가 될 수 있었을까요? 그러나 당시 로마의 군인들로 하여금 싸움에서 이기게 하는 가장 중요한 장비 중 하나가 바로 이 신발이었다고 합니다.

저는 여러 해 전에 세계의 준봉들을 오르는 알피니스트들의 모험담을 실은 기록 영화를 본 적이 있습니다. 그 중에 저의 관심을 끌었던 것은 등반을 하기에 앞서 철저히 사전 준비를 하는 모습이었습니다. 자기들이 등반하고자 하는 산을 최근에 올랐던 산악인들로부터 자세한 조언을 구하고 여러 가지 정보를 여러 달 동안 수집하는 모습을 보았습니다. 항공기로 산의 이모저모를 상세하게 관측하며 사진을 찍어서 그동안 산세山勢가 어떻게 변화되었는지를 살피는 것도 빼놓을 수 없는 중요한 작업이었습니다. 무엇보다도 저의 눈길을 끈 것은 등반자들의 신발을 위한 주도면밀한 준비였습니다. 등반하고자 하는 코스와 그 지형들과 산의 특성에 대한 자세한 설명과 함께 등반하기 6개월 전에 프랑스에 있는 전문 제화공에게 제작을 의뢰하는데, 그 신발 한 켤레를 제작하는 데 수백만 원씩 든다고 했습니다. 같은 산이라도 등반한 지 몇 년이 지나 지형이 변화되면 예전의 등산화로는 안 되고 새로운 설계를 통해 제작된 신제화를 신어야 등반이 가능하다는 설명이었습니다.

로마의 군인들은 때로는 반군을 진압하기 위해서, 때로는 새로운 영토의 정복을 위해서 출전하는 군사들이었으므로 먼 길을 행군해야 했습니다. 어떤 때는 아주 험한 산을 넘고 가시덤불을 지나기도 해야 했습니다. 때로는 적군들이 쳐놓은

덫에 발목을 치이는 일도 있었습니다. 그들의 군화는 이 때도 발이 상하지 않도록 특별히 제작된 것이었습니다. 싸움에서 이러한 신발은 출정하는 군사들을 위해 꼭 필요한 장비였습니다. 사도는 영적 전쟁에서 싸우는 군사들에게도 이 같은 신발이 필요하다고 가르쳐 주고 있습니다. 그러면 그리스도인들에게 이 신발이 의미하는 것은 무엇일까요?

"평안의 복음이 준비한 것으로 신을 신고…"(6:15). 이것은 복음을 전파하도록 부름 받은 그리스도인의 삶에 대해서 말해 줍니다. 복음의 신발! 이것이 뜻하는 바는 우리의 인생이 복음을 전하기 위하여 길을 행군하는 군사와 같은 삶이어야 한다는 것입니다. 다른 나라들을 정복하고 반역을 토벌하기 위해 천리길을 멀다고 여기지 않고 행군하던 로마의 군인들처럼, 우리의 삶도 복음을 전파하기 위하여 쉼 없이 행진하는 영적 진군이 되어야 한다는 것입니다. 실로 이것은 우리 주님께서 승천하기 전 우리에게 남기신 마지막 유언이었습니다. 주님은 승천하는 자신의 모습에 넋을 잃고 있는 제자들에게 말씀하셨습니다. "또 이르시되 너희는 온 천하에 다니며 만민에게 복음을 전파하라 믿고 세례를 받는 사람은 구원을 얻을 것이요 믿지 않는 사람은 정죄를 받으리라"(막 16:15-

16). "오직 성령이 너희에게 임하시면 너희가 권능을 받고 예루살렘과 온 유대와 사마리아와 땅 끝까지 이르러 내 증인이 되리라"(행 1:8).

우리의 삶은 복음을 전하기 위하여 끊임없이 이 세상으로 나아가는 삶이어야 합니다. '평안의 복음'을 들고 세상의 잃어버린 영혼들에게로 걸어가는 삶이어야 한다는 것입니다. 이것을 위하여 주님은 우리에게 복음을 주셨고, 우리는 이 복음의 신발을 신어야 하는 것입니다. 우리의 영적 전쟁은 결코 삶을 안락하게 누릴 영토를 지키는 정도에 그치는 소극적인 전쟁일 수 없습니다. 우리는 우리가 서 있는 이 신앙의 자리를 위협해 오는 "통치자들과 권세들과 이 어둠의 세상 주관자들과 하늘에 있는 악의 영들"(6:12)과 더불어서 싸워야 합니다. 뿐만 아니라, 우리는 우리에게 맡겨진 하나님 나라의 영역을 지키는 군사가 되어야 합니다.

사랑하는 형제 자매들이여! 그러나 이것만으로는 우리의 싸움이 충분치 않음을 기억해야 합니다. 우리는 먼저 자신을 지키는 싸움에서 승리하는 자가 되어야 합니다. 그러나 때로는 주님께서 우리를 수많은 길을 걸어야 하는 정복을 위한 진군에 부르기도 하십니다. 자기의 자리를 지키며 싸울 뿐 아니라, 먼 곳에서 하나님의 나라를 대적하고 있는 악한 세력들을 토벌하고 영혼을 구원하게 하기 위하여 길을 나서도록 끊임없이 부름을 받고 있는 것이 영적 군사인 우리의 삶이라는 사실을 기억해야 합니다.

하나님을 등지고, 이전에 우리가 그러했던 것처럼 지금 불순종의 아들들 가운데 역사하는 마귀를 쫓는 삶을 사는 자들에게로 걸어가서 구원의 복음을 전하는 것입니다. 우리는 하나님을 인하여 지음 받았으면서도, 그분을 떠나 공중의 권세 잡은 자들에게 다스림을 받는 그들을 악한 세력들의 손아귀에서 구해내어 피 묻은 그리스도 예수의 품 안에 안겨 드리도록 부름을 받고 있는 것입니다.

영적인 군사의 소망은 이 땅 위에 하나님 나라의 의가 이루어지는 것이라고 말씀드렸습니다. 이 하나님 나라의 의가 어떻게 이루어집니까? 어떻게 이 하나님 나라가 확장되어 갑니까? 한 영혼이 구원받는 것 없이는 이 일이 이루어지지 않습니다. 마귀의 지배 아래 살아가는 영혼들이 하나님의 자녀가 되는 일이 없이는 하나님의 나라는 확장되지 않습니다. 우리가 전도하지 않으면 안 되는 이유가 여기에 있는 것입니다.

전신갑주로 완전 무장을 하면서 단단히 군화를 신어야 하는 것은 먼 길을 떠나가기 위함입니다. 예수의 복음을 전하기 위하여 온 천하에 다니는 것이야말로 우리에게 주어진 예수님의 지상 명령입니다.

실로 주님께서 우리에게 주신 명령 중 "너희는 가서 만 천하에 복음을 전하라"는 명령보다 큰 것은 없습니다. 이 세상에 그 어떠한 일도 영혼을 하나님께 인도하는 일보다 그분을 기쁘시게 하는 일은 없습니다. 예수님은 그 일을 위하여 오셨습니다. 성경은 말합니다. "하나님의 사랑이 우리에게 이렇게 나타난 바 되었으니 하나님이 자기의 독생자를 세상에 보내심은 그로 말미암아 우리를 살리려 하심이라 사랑은 여기 있으니 우리가 하나님을 사랑한 것이 아니요 하나님이 우리를 사랑하사 우리 죄를 속하기 위하여 화목 제물로 그 아들을 보내셨음이라"(요일 4:9-10).

우리 주님의 생애를 생각해 보십시오. 실로 그분의 생애는 머리 둘 곳이 없는 생애였습니다. 세상으로부터 마땅히 받아야 할 모든 섬김을 마다하셨고, 오히려 이 세상 사람들을 위하여 자기의 몸을 대속물로 주셨습니다. 그가 자기의 몸을 대속물로 주심으로써 구원하기를 원하셨던 영혼들이 지금 우리 앞에서 그 역사의 비탈길로 멸망을 향해 달려가고 있는 내 동포들이며, 우리의 이웃들입니다.

우리가 모든 영적 군사로서 '하나님의 전신갑주'를 입었다고 할지라도 복음의 신발을 신지 않았다면, 그는 진군할 생각은 없는 군사입니다. 우리는 영적 군사로서 우리들 자신을 위하여 싸울 뿐 아니라, 또한 불쌍한 영혼들, 목자 잃은 양같이 유리하며 고생하는 잃어버린 영혼들에게 다가가 복음을 전함으로써 그들을 지배하고 있는 "통치자들과 권세들과 이 어둠의 세상 주관자들과 하늘에 있는 악의 영들"(6:12)을 쳐부수고 그들을 주님께로 인도해야 하는 것입니다. 잠시 후 그들도 우리와 더불어 십자가의 군사가 되어서 복음의 신발을 신고 영적인 싸움에 나서게 될 것입니다. 하나님의 나라는 점점 확장될 것입니다. 그 나라와 의가 이 땅에 편만하게 될 것입니다.

사도가 이처럼 영적 전쟁의 실상을 보이면서, 그 싸움에서 승리하는 강한 군사가 되기 위하여 하나님의 전신갑주를 입으라고 에베소 교회의 그리스도인들에게 명령한 후에, 무엇을 부탁하고 있는지 보십시오. "또 나를 위하여 구할 것은 내게 말씀을 주사 나로 입을 열어 복음의 비밀을 담대히 알리게 하옵소서 할 것이니 이 일을 위하여 내가 쇠사슬에 매인 사신

이 된 것은 나로 이 일에 당연히 할 말을 담대히 하게 하려 하심이라"(엡 6:19-20).

이 치열한 영적 전투에 대비하라는 간곡한 권면의 결론은 복음 전도였습니다. 그리고 사도의 생애 속에서 그를 도전해 오는 영적 투쟁은 언제나 복음을 전할 때 나타났습니다. 우리는 실로 이것을 기억해야 합니다. 이 모든 영적 싸움에서 이기는 이김은 결국 전도를 통하여 나타난다는 것입니다. 그렇습니다. 복음을 전하지 않는 성령의 능력에 대하여 성경은 아는 바가 없습니다.

우리들 중 많은 사람들은 그 옛날 로마의 군인들처럼 지금 당장 그렇게 먼 길을 행군할 수는 없을지도 모릅니다. 지금 우리 모두가 복음에 불타는 가슴을 안고 방방곡곡을 다니며, 오직 복음을 전하는 것을 삶의 모든 이유로 생각하던 순회 전도자들과 같은 삶을 당장 살 수는 없을지도 모릅니다. 십자가의 사랑을 안고 밀림과 정글을 헤치며 언어도 통하지 않는 토인들의 동리를 지나, 잃어버린 한 영혼을 찾아다니는 헌신된 선교사의 인생을 지금 당장 살 수는 없을지도 모릅니다. 그러나 우리는 어디로 가든지, 또 어디에 있든지 기억해야 합니다. 우리는 이 세상 끝 날까지 땅 끝까지 가서 복음을 전해야 하는 증인들입니다. 그리고 원하는 것은 우리의 영혼에 놀라운 각성이 일어나서 잃어버린 세상, 복음을 듣지 못하는 세상이 얼마나 고통 가운데 있으며 그들에게 복음이 얼마나 절박한지를 일깨우사, 우리로 그 이름 없이 복음을 전하다가 죽어 간 수많은 신앙의 선배들처럼 피 묻은 복음을 들고 흥청거리는 도시나, 가난한 이웃들이 사는 산촌이나, 어촌이나, 섬이나, 강가 마을이나 잃어버린 영혼을 찾아 나서지 않을 수 없는 사람들로 세워 주시기를 간절히 기도합니다.

복음이 아니면 소망이 없는 세상에서 이 기쁜 구원의 소식을 전하기 위하여 산을 넘고, 국경을 지나며, 망망대해를 가로질러 건너지 않을 수 없는 절박함으로 마음 저려 하는 선교사들을 세우시기를 기도합니다. 다만 조국 안에서 이 영적 전쟁을 승리로 이끄는 데 그치지 않고, 아직도 예수의 복음을 전하는 자 없어 구원의 소식을 듣지 못한 채 어둠 가운데 죽어 가는 미전도 족속들의 땅으로 다가가 영적 전쟁의 도전장을 내놓는 용사들이 세워지기를 간절히 소망합니다. 제가 그토록 간절하게 참된 영적 부흥을 갈망하는 것도 바로 이 때문입니다. 부흥은 일시에 수많은 사람들에게 이 복음의 장엄함을 일깨워 줍니다. 그러고는 그 사람들로 하여금 복음의 가치를 깨닫게 하고, 그것을 듣지 못한 영혼들을 위하여 자기의 모든 것을 기쁜 마음으로 허비하게 합니다.

어느 해변에서 일어난 일입니다. 암초가 많은 곳이라서 항로를 잘못 잡은 배들이 자주 좌초되어 항해하던 사람들이 목숨을 잃는 일이 자주 일어났습니다. 어느 날 해변에는 인명을 구하기 위한 구조대원들이 생겼습니다. 그들은 얼마 전 좌초된 배에서 침몰 직전에 구사일생으로 살아난 사람들이었습니다. 죽을 상황에서 살아난 것이 너무나 감사해서 남은 여생을 가치 있는 일에 쓰기로 결심한 사람들이었습니다. 그 위험한 해안의 해변가에서 자기들처럼 물에 빠져 죽어 가는 사람들을 구조하는 일에 자신을 드리기로 했던 것입니다. 그들은 자신들의 일을 너무나 귀하게 여겼고 열심을 다했습니다. 사람의 생명을 구하는 일이었기 때문입니다. 그들은 낮에도 밤에도 해안을 살피며 조난당한 사람들을 구했습니다. 구원받은 사람들은 자기를 구해 준 은혜가 감사해서 그곳에 머물면서 함께 구조 활동을 하기로 했습니다. 점점 대원들의 수가 늘어갔습니다. 그러던 어느 날이었습니다. 대원들 중 한 사람이 이런 제안을 했습니다. "여러분, 우리 대원들이 많이 늘어났습니다. 이제 이 텐트는 잠자리가 불편하니 보다 좋은 집을 짓도록 합시다." 그러자 또 다른 사람이 이렇게 말했습니다. "자, 이제 우리가 한 마음이 되어서 구조에 힘쓰기 위해서는 서로 친목을 다지는 것이 필요하니 파티를 가집시다." 세월이 흐르자 해변에는 화려하고 넓은 저택이 들어섰고, 매일 저녁 친목 파티가 열렸습니다. 이 사람들의 해변 생활은 이전의 단조롭던 생활에서 벗어나 보다 활기를 찾은 듯했습니다. 더 많은 세월이 흘렀습니다. 이윽고 사람들은 낮에만 구조 활동을 하는 것이 근로기준법에도 부합한다고 생각하기 시작했습니다. 밤마다 모두들 파티로 모여 마음껏 즐기게 되었습니다. 이렇게 하는 것이 그들의 임무를 수행하는 데 도움을 줄 것이라고 생각하고 있었습니다. 그러나 그들은 이미 물에 빠진 사람을 구하기 위해 바다로 나가는 것은 너무 위험한 일이라고 생각하게 되었습니다. 그들이 거처하고 있는 저택에서는 화려한 조명 아래 흥겨운 노래 소리가 들려오고 있었고, 바깥 해변에서는 구조를 요청하는 사람들의 비명 소리가 밤 바다에 뒤웅치는 파도 소리를 타고 피어린 통곡으로 메아리쳐 오고 있었습니다.

우리가 자랑하는 그 위대하신 하나님에 대한 영적 경험, 사람들이 부러워하는 우리의 은혜 생활, 항상 감사하게 여기는 하나님과의 사귐, 그리스도 안에서 이렇게 하나님의 말씀의 떡을 떼는 영적 교제, 우리가 이 모든 것을 귀하게 생각하는 이유가 무엇입니까? 우리는 무엇 때문에 이런 것들을 추구합니까? 참된 영적 각성과 신앙의 부흥을 갈망하는 까닭이 무엇입니까?

우리는 기억해야 합니다. 이 모든 것은 바로 하나님께서 우리로 하여금 복음의 증인 된 삶을 살게 하시기 위함임을 기억해야 합니다. 그렇습니다. 영적 전쟁을 위한 우리의 이 모든 몸부림도 우리가 복음의 증인이 되는 일이 없다면 아무것도 아닙니다. 왜 힘든 영적 전쟁에 우리의 몸과 마음을 드려야 합니까? "통치자들과 권세들과 이 어둠의 세상 주관자들과 하늘에 있는 악의 영들"(6:12)에 대한 싸움을 싸워 승리하면 공동체는 어떠한 모습이 됩니까? 무엇을 기대합니까? 성경에서 영적인 권세를 가진 공동체의 가장 큰 특징이 무엇입니까?

능력 있는 공동체, 그것은 하나님의 복음을 증거하기에 능력 있는 공동체입니다. 공동체가 영적인 싸움에 지고, 패배하며, 영혼들이 악한 영들의 세력에 눌릴 때 일어나는 가장 큰 특징은 그 공동체 안에서 구원받은 새 생명이 탄생하는 역사가 드물어진다는 것입니다.

그러나 공동체가 영적인 싸움에서 승리하고 하나님의 능력을 회복할 때 가장 뚜렷한 특징은 그 공동체의 지체들이 복음을 전파하고자 하는 열망을 갖게 되는 것입니다. 예배 중에는 언제나 죄인들이 주님을 영접하고 새 생명으로 거듭나는 역사를 볼 수 있습니다. 많은 지체들은 복음을 증거하는 일에 있어서 능력 있는 삶을 살게 되고, 잃어버린 영혼들에 대한 슬픔 때문에 죽어 가는 영혼들의 구원을 위하여 간절히 기도하게 됩니다. 세상을 구원함에 있어서 주님과 함께 구령을 향한 열망을 나누어 갖게 되고, 영혼을 주님께 인도하기 위해서라면 어떠한 고난도 기꺼이 감당하기를 원합니다. 이전과는 다른 동기와 방식으로 세상을 사랑하게 됩니다. 이제 그들에게 세상은 복음 전파의 추수할 낫을 기다리며 펼쳐진 "희어진 밭"(요 4:35)입니다. 실로 이것을 제외하고는 영적인 싸움에서의 승리를 이야기할 수 없습니다.

우리의 발에는 복음을 전하는 신발이 신겨져 있습니까? 성경은 말합니다. "누구든지 주의 이름을 부르는 자는 구원을 받으리라 그런즉 그들이 믿지 아니하는 이를 어찌 부르리요 듣지도 못한 이를 어찌 믿으리요 전파하는 자가 없이 어찌 들으리요 보내심을 받지 아니하였으면 어찌 전파하리요 기록된 바 아름답도다 좋은 소식을 전하는 자들의 발이여 함과 같으니라"(롬 10:13-15).

　이 세상은 복음이 아니고서는 영원히 하나님께로 돌아올 수 없는 세상입니다. 세상이 어떻게 변하든지, 인간의 풍조가 어떻게 갈리든지, 우리는 이것을 확신해야 합니다. 세상 사람들이 하나님 앞으로 돌아오지 않는 한, 거기에는 우리 주님을 향한 끊임없는 반역이 있을 것이고, 하나님은 마침내 당신의 나라를 파괴하는 그 가련한 인생들을 어둠의 악령들과 더불어 영원히 꺼지지 않는 불못에 던져 버리실 것입니다. 그리스도인들은 하나님을 떠난, 이런 세상의 영혼들을 구원하기 위하여 부르심을 받은 군사들입니다. 그리고 이 일은 실로 구원을 방해하는 영들과의 전쟁입니다.

　우리의 발은 어떠합니까? 복음을 전하러 다니는 발걸음입니까? 복음을 전하는 길에 놓인 가시밭과 자갈밭을 지나고 높은 산을 오르기에 충분할 만큼 튼튼한 신발입니까? 악한 자들의 날카로운 덫을 견디기에 충분할 만큼 탄탄한 신발입니까?

　18세기 뉴잉글랜드 땅에서 하나님을 떠나 살고 있는 미개

한 인디언들을 위하여 헌신했던 선교사가 있었습니다. 그는 데이비드 브레이너드David Brainerd였습니다. 21세에 회심하고 24세에 선교에 헌신해서, 힘에 지나도록 수고하다가 29세라는 꽃다운 나이에 천국으로 갔습니다. 그가 그렇게 일찍이 이 땅을 떠난 것은 건강을 돌보지 않는 초인적인 헌신 때문이었습니다. 참으로 그 사람처럼 하나님과 잃어버린 영혼만을 위하여 살다가 간 사람도 많지 않습니다. 적개심에 가득 찬 백인들은 닥치는 대로 인디언들의 머리 가죽을 벗겨 죽이고, 복수심에 가득 찬 인디언들은 수시로 백인들을 습격하던 아메리카 대륙의 어두운 시절을 살았던 사람이었습니다. 다른 사람들이 인디언들에게도 영혼이 있는지에 대하여 의심하는 동안에, 하나님은 그에게 불쌍한 토인들을 향한 구령의 열정을 주셨습니다.

그는 대규모의 대중 집회를 통해서 세상에 널리 알려진 사람이 아니었습니다. 아주 외딴 지역의 인디언 부락을 찾아다니며 이름도 없이 빛도 없이 복음을 전하던 사람이었습니다. 그는 비록 세상 사람들에게 널리 알려진 이름난 설교가는 아니었으나 복음의 능력이 늘 그와 함께 했습니다. 그는 기도의 사람이었습니다. 그러나 불행히도 그는 폐결핵 3기의 환자였습니다. 눈 덮인 언덕에서 붉은 선혈을 토하며 인디언들의 영혼 구원을 위하여 기도했습니다. 마치 자신의 육체를 깎아서 하나님께 바치듯이 기도하던 사람이었습니다. 그는 단 하나 남은 그의 유작인 일기 속에서 이렇게 썼습니다.

> 영혼을 주님께 인도할 수 있다면
> 내가 어디에 있든지 어떻게 살든지
> 또 무엇을 견디게 되든지 나는 관계치 않노라
> 잠을 자면 저들을 꿈꾸고
> 잠을 깨면 첫째 생각이 잃어버린 영혼들이라
> 아무리 박식하고 능란하며 또 심오한 설교와
> 청중을 감동시키는 웅변이 있을지라도
> 그것이 결코 영혼에 대한 뜨거운 사랑을 대신할 수는 없노라

우리는 이 복음의 증거를 위하여 영적 군사로 부름받았습니다. 우리의 삶은 마땅히 복음을 전하기 위하여 온 천하에 다니는 증인의 삶이어야 합니다. 우리는 언제나 구원할 영혼을 주시기를 구하며 복음의 신발을 신고 있는 자들이 되어야 합니다. 때로는 주님이 부르시기만 하면 그 신발을 신고 산

넘고 물 건너 가시밭길을 지나고 벼랑을 오르는 행군에도 출전해야 합니다. 그때까지 우리는 먼 곳에는 가지 못하지만 우리의 살아가는 발걸음 속에서 만나는, 하나님을 등진 그 무수한 영혼들에게 그리스도의 심장을 가지고 눈물어린 열정으로 복음을 전해야 합니다. "그리스도께서 너희를 위하여 죽으시고 다시 사셨다"고 증거해야 합니다. "너희의 죄를 회개하고 그분을 믿으라"고 외치며 살아야 합니다.

우리에게 복음을 전하지 못하도록 가로막아 오는 수많은 장애들, 주저하고 부끄러워하는 우리의 마음의 걸림들, 이 모든 악한 덫을 파하고 담대히 복음을 전해야 하는 것입니다. 우리는 어느덧 우리 발에 복음의 신발을 신기우신 하나님을 찬양할 것입니다.

너희는 만천하에 복음을 전하라

이것이 바로 '복음의 신발'이 주는 메시지입니다.

7장

믿음의 방패

Put on the whole armour of God

"모든 것 위에 믿음의 방패를 가지고
이로써 능히 악한 자의
모든 불화살을 소멸하고"(16절).

7 믿음의 방패

성경은 '복음의 신발'에 이어서 '믿음의 방패'를 가지라고 말합니다. 앞에 열거한 전신갑주의 무장들이 간단히 그 이름만 제시된 것과는 달리 이 '방패'에는 꽤 긴 설명이 붙어 있습니다. 이것을 보더라도 사도가 영적 싸움에서 이 믿음이라는 방패를 얼마나 필수적이라고 믿고 있는지를 알 수 있습니다.

성경 본문은 다음과 같이 적고 있습니다. "모든 것 위에 믿음의 방패를 가지고 이로써 능히 악한 자의 모든 불화살을 소멸하고…" 본문의 정확한 이해를 위하여 헬라어 성경에서 읽습니다. "이 모든 것들 이외에 그 악한 자의 모든 불붙는 화살들을 능히 소멸할 수 있는 믿음의 방패를 가지고…" 우리말 성경 번역과 약간의 차이가 있습니다.

모든 것 위에…

우선 사도가 이미 앞에서 하나님의 전신갑주의 요소를 세 가지나 이야기했음을 기억합시다. 몸을 날렵하게 움직이고 큰 칼을 매달 수 있는 진리의 허리띠와 심장을 보호해 줄 수 있는 의의 호심경과 먼 곳을 행군할 수 있는 복음의 신발이 그것이었습니다. 이것들은 이미 말씀드린 바와 같이 하나하나가 영적 전투를 수행해 감에 있어서 갖추지 않으면 안 될 중요한 것들이었습니다.

그럼에도 불구하고 사도는 여기서 전신갑주의 또 다른 요소인 "믿음의 방패"를 제시하면서 "이 모든 것 위에…"라는 말로써 시작합니다. 이러한 사도의 의외의 표현은 우리에게 시사해 주는 바가 큽니다. 즉 진리의 허리띠, 의의 호심경, 복음의 신발 등은 영적인 전투에 참여하는 군사가 갖추지 않으면 안 될 장비들이지만, 그것들만으로는 충분치 않음을 보여 주기 때문입니다. 앞서 언급한 이 필수 장비들도 뭔가 또 다른 것의 도움을 받지 않으면 완전한 유익을 줄 수 없다는 투로 시작합니다. "이 모든 것 위에…"라고 말함으로써 마치 여지껏의 이야기가 서론적이고 이제 막 중요한 뭔가를 이야기하려는 듯한 느낌을 줍니다.

그러면서 제시하는 것이 믿음의 방패입니다. "이 모든 것 위에 믿음의 방패를 가지고…" 사도의 이 어투로 미루어보아 영적 싸움에서 방패에 대한 그의 평가가 얼마나 중요한 것인지를 알 수 있습니다. 군인이 아무리 허리띠를 단단히 동이고, 커다란 호심경을 붙이고, 특별한 군화를 신었다고 할지라도, 방패의 도움이 없다면 완전한 무장이 될 수 없다는 뜻입니다. 이 에베소서 6:16절 - "모든 것 위에 믿음의 방패를 가지고 이로써 능히 악한 자의 모든 불화살을 소멸하고" - 을 중심으로 믿음의 방패가 영적 전투에서 왜 그렇게 꼭 필요한지에 대해서 먼저 살펴본 후, 이 믿음의 방패가 무엇을 의미하는지에 대해 말씀드리겠습니다.

악한 자의 모든 불화살

사도는 믿음의 방패가 필요한 이유는 "악한 자의 불화살을 소멸하기 위함"이라고 말합니다. 우리말 개역한글 성경에서는 이것을 '화전'火箭이라고 번역하였는데 아마 화살촉 뒤에 송진을 바른 끈을 매달고 거기에 불을 붙여서 쓰도록 고안

된 불화살을 의미한다고 생각한 것 같습니다. 그러나 사실 이것은 문자적으로 불화살을 가리키는 말이 아닙니다. 전쟁에서 이 불화살은 인명을 직접 살상하기보다는 건물이나 진지를 불태우려고 날려 보내던 화살이었습니다. 사도가 방패로써 이것들을 막으라고 하는 것을 보아서, 이 '화전'을 문자적인 불화살이라고 보기는 어렵습니다. 이 화전은 강한 독毒을 묻힌 화살이었습니다.

쉽게 말해서 독화살이었습니다. 그것은 당시 로마의 군인들이 전투에서 즐겨 사용하던 무기 가운데 하나였습니다. 뾰족한 화살촉에 독약을 묻혀서 쏘는 화살이었습니다. 화살에 맞은 자마다 죽게 하기 위해서였습니다. 이것들이 군인들의 몸에 맞으면 맹렬한 독이 온몸에 마치 불붙는 것과도 같이 삽시간에 퍼져서 죽곤 했습니다.

영어 성경에서는 헬라어 성경을 직역하여 '불붙는 화살'flaming darts이라고 했습니다. 그러나 이것은 실제로 불을 붙인 화살을 의미하는 것이 아닙니다. 마치 구약에서 물리면 독이 퍼져서 열병을 앓다가 죽게 하는 뱀을 '불뱀'(민 21:6)이라고 불렀지만 진짜 불火과는 관계가 없었던 것처럼 말입니다. 아무튼 이 화살은 독약이 묻은 화살이었습니다. 그러니 단 한 개의 화살이 살을 스치기만 해도 그 군사의 생명은 보장될 수가 없었습니다. 들판에서 싸우는 군인들이나 적군의 성을 공격하는 군인들에게 적군으로부터 날아오는 이 화살의 공격은 모두가 두려워하는 것 중 하나였습니다.

믿음의 방패를 가지고…

이것을 막기 위한 전신갑주로서 사도는 방패를 가지라고 말해 줍니다. 당시 싸움에서 방패의 역할은 화살을 막는 역할만 하는 것이 아니었습니다. 휘두르는 칼날을 막기도 하고, 찌르는 창을 피하는 역할도 했습니다. 그럼에도 불구하고 사도는 이 방패를 "모든 불화살을 소멸하는"(6:16) 무장으로 소개하고 있습니다.

휘두르는 칼의 기습이나 찌르는 창의 공격은 그것이 아무리 불시의 돌격이라고 할지라도, 공격하는 적군의 모습은 볼 수 있습니다. 그러나 이 화살의 경우는 좀 다릅니다. 보이지 않습니다. 공중을 날아옵니다. 치명적인 공격을 받으면서도 그 화살을 쏘는 적군은 눈에 띄지도 않을 때가 많습니다. 설사 눈에 띈다 할지라도, 그 적군은 공격하기에 너무나 멀리 떨어져 있습니다.

뿐만 아니라, 이 화살의 공격은 하나씩 차례대로 날아오지 않고 일제히 사격되어, 한꺼번에 하나의 목표물을 향해 여러 개가 날아오는 경우가 많았습니다. 많은 궁사弓士들이 지휘관의 지시에 따라 일정한 표적에 집중적으로 화살을 날려 보내기 때문입니다. 그래서 그런지 오늘 본문에 '불화살'이라고 되어 있는 것이 헬라어 성경의 본문에는 '불화살들'이라고 복수로 되어 있습니다. 이제 이 말씀이 주는 의미와 도전들을 하나씩 살펴보겠습니다.

도대체 영적 군사인 우리에게 이처럼 치명적인 패배를 안겨다 주는 이 '불화살'의 임자는 누구일까요? 이에 대해 성경은 명백하게 "악한 자의 불화살"이라고 말합니다. 헬라어 성경 본문은 이 불화살의 출처를 말할 때 "그 악한 자의" 불화살이라고 적고 있습니다. 단수 명사의 소유격입니다. "그 모든 불화살"은 복수인데, 그 불화살의 주인은 단수입니다.

단수인 '악한 자'는 두말할 나위도 없이 이 세상 끝 날까지 우리의 영원한 대적인 마귀를 가리키는 것입니다. 그는 에베소서 6:10절 이하의 부분에서 언급된 우리의 영적 싸움의 모든 대적들 - "통치자들과 권세들과 이 어둠의 세상 주관자들과 하늘에 있는 악의 영들" - 의 궁극적인 주인으로 등장하고 있는 영적 전쟁의 괴수입니다.

우리가 여러 가지 의심이나 유혹에 직면하게 될 때, 거기에는 반드시 우리로 하여금 의심할 수밖에 없도록 만드는 충분한 이유가 있습니다. 때로는 어찌할 수 없는 환경이 우리로 하여금 하나님을 의심하게 하기도 하고, 혹은 사람이나 유혹 받을 수밖에 없는 형편으로 인하여 욕심에 이끌리기도 합니다. 그래서 우리는 때때로 환경을 한탄하고 사람을 원망하기도 합니다. 환경에 대한 한탄은 필연적으로 주님을 향한 원망으로 이어지게 되고, 사람을 향한 원망은 미움으로 번지게 됩니다. 그러나 우리는 이것을 기억해야 합니다. 우리의 궁극적인 대적은 환경이나 사람이 아닙니다. 우리의 대적은 이 의심과 유혹의 화살을 날리는 '그 악한 자'라는 것입니다.

이것은 실로 우리가 잊고 살아가는 진리를 가르쳐 줍니다. 우리가 영적 싸움에서 부딪히는 문제들은 너무나 다양합니다. 우리는 이 싸움에서 늘 이기기를 소망하지만 실패하는 경우가 많습니다. 때로는 사람에게 걸려 넘어지고, 때로는 환경을 이기지 못해 믿음의 싸움에서 패배하기도 합니다. 사람들이 영적 싸움에서 패하는 원인은 너무나 다양합니다. 그러나 이 모든 실패의 궁극적인 원인은 너무나 단순합니다. "그 악한 자의 모든 불화살…"이라고 말함으로써, 사도는 이 가공스러운 독화살의 출처가 마귀, 곧 사탄이라고 밝히 말하고 있습니다. 우리를 쓰러뜨리기 위하여 날아오는 그 모든 화살들의 출처는 사탄이라는 것입니다. 우리는 이 평범한 사실을 늘 기억해야 합니다.

그러면 이 불화살이 의미하는 바는 무엇일까요? 공중을 가로질러 영적 군사들인 우리를 향해 날아온 이 화살들은 무엇을 뜻하는 것일까요? 먼저 이 화살은 우리 그리스도인의 가슴에 스며들어오는 의심을 가리킵니다. 그리스도인들에게 있어서 이 의심의 경로는 확실합니다. 이제껏 믿어 오던 하나님의 말씀에 대한 의심, 여기에 이르기까지 인도해 오신 하나님의 사랑에 대한 의심, 이 모든 의심케 하는 기원은 사탄입니다. 열심히 신앙생활을 할 때는 몰랐는데, 신앙이 떨어지고 영적인 무장이 해이해지면 어김없이 이 의심의 화살이 날아듭니다. 갑자기 말씀에 대한 의심이 생기고, 그렇게 분명히 믿어지던 하나님의 약속이 희미하게 잊혀지기 시작합니다. 심지어는 하나님의 존재에 대해서까지 의심이 가기 시작합니다. 영적인 군사들을 향해 쏘아 보내는 마귀의 화살입니다.

사탄이 때로는 환경이라는 시위에 의심의 화살을 먹여 날려 오기도 합니다. 소망이 끊어진 것 같은 환경 속에서 사탄은 우리에게 속삭입니다. "보라, 너는 이처럼 소망이 끊어진 채 절망의 벽에 둘러쌓여 있지 않느냐? 네가 믿음으로 바라던 구원자가 어디에 있느냐? 너는 이제 혼자가 아니냐? 그가 너를 버림이 아니냐? 네가 바라던 하나님이 어디에 있느냐? 그래도 네가 여전히 그를 의지하겠느냐?"라고 말입니다. 이러한 상황에서 그가 날려 오는 의심의 화살을 막을 수 있는 것은 오직 믿음의 방패뿐임을 기억해야 합니다. 또한 사탄은 때때로 사랑하고 믿어 오던 사람을 시위줄로 삼아 의심의 화살을 날려 보내기도 합니다. 사랑하던 사람들에게 상처를 입고, 믿어 오던 사람들에게 실망을 느낄 때, 사탄은 그것을 인해 더욱 하나님만을 바라보게 하기보다는 그것이 걸림돌이 되어서 의심함으로 넘어지게 합니다. 이 때도 의심의 화살을 막을 수 있는 것은 오직 믿음의 방패뿐입니다.

우리는 이것을 기억해야 합니다. 잠깐 방심하는 사이에 공중을 가르고 날아오는 의심의 화살은 우리를 낙담하게 하고 전쟁터에서 맞서 싸울 용기를 빼앗아 갑니다. 우리가 섬기던 하나님을 신뢰하지 못하도록 우리를 불신에 떨어뜨립니다. 이 의심의 화살을 날리는 주범은 사탄이며, 모든 그리스도인들은 예외없이 이 악한 자의 모든 불화살의 표적이 됨을 기억해야 합니다. 그 악한 자가 환경과 사람이라는 은폐물 뒤에 숨어서 쏜 이 화살이 당신을 향해 날아올 때 당신을 보호해 줄 수 있는 것은 오직 믿음뿐입니다. 주께서 주신 이 믿음의 방패의 가치를 깊이 새기고 더욱 굳건하게 붙드시기를 기도합니다.

또한 이 화살이 의미하는 바는 유혹입니다. 정욕의 유혹입니다. 하나님을 떠난 인간의 죄악된 성품은 하나님의 거룩함을 좇아 살기보다는, 세상이나 세상에 있는 것들에 대한 유혹의 욕심을 따라 살기를 즐거워합니다. 그러나 우리 속에 불같이 일어나는 정욕과 유혹은 단순히 육체의 죄악된 성품에만 기초하고 있는 것이 아닙니다. 그래서 오늘 성경은 우리에게 말합니다.

"그 악한 자의 모든 불화살을 소멸하고" 성경은 유혹의 화살을 날려 우리로 하여금 정욕에 사로잡히게 만들어 주는 화살의 출처가 사탄이라고 증거하고 있습니다. 유혹의 화살에 맞을 때, 그리스도인들은 영적 군사로서 전투를 계속 할 능력을 잃어버립니다. 싸우고자 하는 전의戰意를 상실할 뿐만 아니라, 그 유혹의 화살에 맞자마자 악한 자가 화살 끝에 묻힌

독기운은 영적 군사의 온몸에 퍼져서 정욕의 지배를 받게 됩니다.

한때 하나님을 위하여 그토록 헌신되었고 용감무쌍하던 영적인 군사들이 한 순간에 정욕을 위하는 육체의 노예가 되어 버립니다. 그토록 싸움에 능하던 군사들이 순식간에 이 긴박한 영적 전쟁에서 자기의 몫을 감당할 수 없게 되어 버립니다. 많은 고난과 역경 가운데서도 하나님을 위해서라면 힘에 넘치도록 수고하던 일꾼들이 불현듯 싸움터에서 물러가 침륜沈淪에 빠지게 됩니다. 그렇게 될 때, 때로는 가혹할 만큼 긴 세월을 하나의 화살에 맞은 상처 때문에 병상에서 보내게 됩니다. 이것은 모두 그 악한 자의 유혹의 불화살에 맞았기에 때문입니다. 이들은 모두 그리스도의 영적 치료와 회복이 필요한 사람들입니다.

우리가 유혹을 받을 때 믿음만이 그 악한 자의 공격을 막는 유일한 무기임을 기억하시기 바랍니다. 오늘 사도는 마귀의 유혹을 날아오는 독화살에 비유하고 있습니다. 이 얼마나 기가 막힌 비유입니까? 실로 우리 영적 군사들에게 있어서 정욕을 향한 마귀의 유혹은 날아오는 화살과 같습니다. 그 악한 자는 이미 화살촉에 독약을 묻혀 두었으며, 벌써 오래 전부터 우리를 겨누고 있었습니다. 그는 우리가 눈치채지 못하도록 조심스럽게 우리의 급소를 조준하고 있었습니다. 그러고는 우리의 영적 긴장이 늦춰지기만 하면 틈을 놓치지 않고 팽팽한 시위에 먹여서 총알처럼 날려 보냅니다. 더구나 그는 숨어 있습니다. 보이지 않습니다. 누가 이것을 피할 수 있겠습니까? 그래서 사도는 전신갑주를 이루는 무장을 세 가지나 말하다가, "이 모든 것 위에 믿음의 방패를 가지라…"고 힘주어 명령하고 있는 것입니다. 이 화살에 맞기만 하면 아무리 진리의 띠를 두르고, 의의 호심경을 붙이고, 복음의 신발을 신고 있어도 쓰러질 수밖에 없다는 사실을 보여주고 싶었던 것입니다.

아무리 오래도록 싸움에 능하고, 또 화려한 승리의 전적을 가진 자라도, 결코 이 독화살의 표적에서 벗어날 수는 없습니다. 오히려 강한 군사일수록 이 화살의 표적이 됨을 기억해야 합니다. 화살은 항상 뜻밖에 날아듭니다. 숱한 화살을 피한 경험이 있다 할지라도, 적군은 포기하지 않고 쏘아댑니다. 그리고 그 많은 화살 중에 단 하나만 살 속 깊이 박혀도 금방 치명적인 중상을 입고 영적 전쟁터에서 들것에 실려 나가는 신세가 됩니다. 이 얼마나 무서운 사실입니까?

이 세상의 유혹은 우리 속사람에 화살로 꽂히고, 이윽고 하나님을 사랑하던 우리의 마음을 정욕으로 불타오르게 합니다. 그러고는 하나님의 말씀이 아니라 타오르는 육체의 정욕이 우리의 마음을 지배하게 되고, 우리의 삶은 영적인 싸움에 헌신하기보다는 육신만을 위하는 안일한 생활을 그리워하게 됩니다. 우리 속사람이 이 독화살에 맞을 때, 영적인 싸움은 우리의 마음에서 떠나게 됩니다. 하나님의 의를 위하여 용감히 싸우던 우리의 손은 그 검을 땅에 떨구고, 주님의 부르심이라면 어디든지 달려가던 증거의 발은 힘이 풀어져 주저앉습니다. 하나님의 나라와 그의 의에 불타던 우리의 가슴은 점점 박동이 희미해져 가고, 하나님의 영광을 위한 열망에 타오르던 우리의 속사람은 싸늘해져 시체처럼 변해 가게 됩니다. 이 모두가 악한 자가 쏜 유혹의 불화살에 맞을 때 일어나는 일입니다.

    당시 싸움에 나서는 로마 군인들에게 있어서 가장 무서운 공격이 '악한 자의 불화살'이었던 것처럼, 오늘 이 영적인 싸움에 그리스도의 군사로 부름받은 우리에게도 가장 무서운 공격은 바로 마귀의 유혹입니다. 유혹은 언제나 꿀같이 달콤하게 시작됩니다. 육체의 유혹과 세상의 유혹은 언제나 쏜살같이 날아옵니다. 그것은 모두 그리스도의 영적 군사인 우리에게 때로는 달콤하게 다가오나, 결국은 우리 영혼에 치명적인 상처를 안겨 주고야 맙니다. 이는 우리를 죽은 자와 방불케 하여 영적 전쟁에서 퇴장시키려는 악마의 간계임을 기억해야 합니다.

"하나님의 아들이 나타나신 것은 마귀의 일을 멸하려 하심이니라"(요일 3:8)고 예리하게 증거한 사도 요한이 같은 서신에서 사랑하는 믿음의 자녀들에게 영적 싸움에서 이미 승리했음을 증거하는 자랑스러운 모습을 보십시오. 그는 이렇게 말합니다. "…청년들아 내가 너희에게 쓴 것은 너희가 강하고 하나님의 말씀이 너희 속에 거하시며 너희가 흉악한 자를 이기었음이라"(요일 2:14).

이어서 사도 요한은 그처럼 그리스도를 믿음으로써 빛 가운데로 나아와 '악한 자'를 이긴 자녀들에게 무엇이라고 당부하고 있는지 아십니까? 사도는 말합니다. "이 세상이나 세상에 있는 것들을 사랑하지 말라 누구든지 세상을 사랑하면 아버지의 사랑이 그 안에 있지 아니하니 이는 세상에 있는 모든 것이 육신의 정욕과 안목의 정욕과 이생의 자랑이니 다 아버지께로부터 온 것이 아니요 세상으로부터 온 것이라 이 세상도, 그 정욕도 지나가되 오직 하나님의 뜻을 행하는 자는 영원히 거하느니라 아이들아 지금은 마지막 때라 적그리스도가 오리라는 말을 너희가 들은 것과 같이 지금도 많은 적그리스도가 일어났으니 그러므로 우리가 마지막 때인 줄 아노라"(요일 2:15-18).

믿음의 방패를 가지고

사랑하는 형제 자매들이여! 마귀의 유혹, 이것이 곧 악한 자의 독화살인 것을 기억하시기 바랍니다. 그것은 예기치도 못하던 순간에 영적 군사들인 우리에게 총알처럼 날아옵니다. 이 재빠른 유혹의 화살을 피할 자가 누구이겠으며, 불시에 날아오는 정욕의 유혹 앞에서 무엇이 도움이 되겠습니까? 수많은 지식도 도움이 되지 못합니다. 노련한 신앙의 경력도 큰 도움을 주지 못합니다. 그 화살은 고상한 인격도 꿰뚫고, 피 끓는 용맹도 비웃습니다.

그러나 믿음은 이 모든 것을 능히 소멸합니다. 오늘 성경이 증거하고 있는 믿음의 방패가 바로 그것입니다. 그러나 애석하게도 그리스도인들 가운데는 화살이 온몸에 꽂혔으면서도 깨닫지조차 못하는 사람들이 너무나 많습니다. 오히려 자기의 속사람이 그 악한 자의 불화살에 맞아 독이 온몸에 불같이 퍼져 죽어 가는 데도 자신의 영혼의 형편을 도무지 알지 못합니다. 날아오는 유혹의 화살을 피하기는커녕 썩어질 육체의 욕심을 따라 살아가는 일에 즐거움을 느낍니다. 이런 어리석은 사람들이 우리 중에는 없기를 기도합시다.

아무리 건장하고 용감한 영적 군사라 할지라도, 일단 이 유혹의 화살에 맞기만 하면 불 같은 육체의 정욕에 사로잡히게 됩니다. 그 육체의 정욕은 양심으로 막을 수 없습니다. 인격으로 끌 수 없습니다. 모든 성결한 삶들을 불사르고, 모든 경건을 태워 버리고, 자신도 그 불 속에 파산해 버리고 마는 것입니다. 일단 그 악한 자가 그의 속사람의 몸에 이렇게 유혹의 화살을 명중시키기만 하면 한판 싸움은 거의 끝난 셈입니다. 유혹의 화살에 맞자마자 그토록 용감하던 그리스도의 군사는 맥없이 쓰러지고, 그의 온몸은 정욕에 사로잡히게 됩니다. 육체의 더러운 욕망이 독소처럼 온몸에 퍼지자 하나님을 찬양하던 그의 육체는 고깃덩어리가 되어 버리고, 그리스도께서 다스리시던 그의 마음은 그 악한 자들의 놀이터가 되어 버립니다. 그래서 성경은 우리의 육체가 이러한 마귀의 유혹을 피하도록 거듭거듭 강조하는 것입니다. "사랑하는 자들아 거류민과 나그네 같은 너희를 권하노니 영혼을 거슬러 싸우는 육체의 정욕을 제어하라"(벧전 2:11).

오늘 성경은 악한 자의 이러한 독화살을 믿음의 방패로써 소멸할 것을 가르칩니다. "악한 자의 모든 불화살을 소멸하고…"(6:16). 하나의 화살을 피하거나 여러 개의 화살을 피하는 것만으로는 충분하지 않습니다. 모든 화살을 피할 것이 요구됩니다. 왜냐하면 단 한 발만 우리의 몸에 명중해도 우리는 당장 이 영적 싸움에서 전투할 능력을 상실해 버리기 때문입니다. 우리의 싸움은 "통치자들과 권세들과 이 어둠의 세상 주관자들과 하늘에 있는 악의 영들에게 대한"(6:12) 것입니다. 우리는 지금 영적인 싸움터로 부름 받은 바 된 우리 주 예수 그리스도의 군사들입니다.

> 주 믿는 사람 일어나 다 힘을 합하여
> 이 세상 모든 마귀를 다 쳐서 멸하세
> 저 앞에 오는 적군을 다 싸워 이겨라
> 주 예수 믿는 힘으로 온 세상 이기네
> 믿음이 이기네 믿음이 이기네
> 주 예수를 믿음이 온 세상 이기네

이 땅에서는 우리가 세상과 짝한 마귀와 더불어 커다란 영적 전쟁을 벌이고 있습니다. 죽고 죽이는 한 치의 양보도 없는 피비린내 나는 전쟁이 그리스도인들인 우리와 악한 영들의 세력들 사이에서 벌어지고 있습니다. 용사들은 그리스도의 호령을 따라 돌격의 나팔을 불고, 악한 영의 세력들은 사탄의 지시를 따라 신속하게 움직입니다. 이 싸움은 하늘에서도 벌어졌습니다. 이 악한 세력들은 땅에만 있는 것이 아니라, 통치자들과 권세들과 이 어둠의 세상 주관자들의 싸움을 돕기 위하여 하늘에 포진한 악령들의 도움을 받고 있습니다.

그러나 하나님께서 이 거룩한 전쟁에서 싸우는 당신의 군사들을 위하여 오늘도 성령을 보내 주고 계십니다. "통치자들과 권세들과 이 어둠의 세상 주관자들과 하늘에 있는 악의 영들을 상대"하여 싸우는 우리의 머리 위로는 비 오듯 화살이 날아갑니다. 악한 자가 쏜, 수많은 유혹의 화살이 우리를 거꾸러뜨리기 위하여 날아가고 있습니다. 우리는 이것들을 피해야 합니다. 그 수많은 화살의 공격으로부터 우리 자신을 지켜야 합니다. 그래서 오늘 성경 본문은 "악한 자의 모든 불화살들을 소멸하고…"라고 밝히 말하고 있는 것입니다.

이 말씀 앞에서 우리의 삶은 어떠합니까? 우리가 이 영적인 싸움에 그토록 오래 참전했으면서도 아직도 승리의 깃발을 세우지 못한 것은 혹시 이 유혹의 화살에 맞은 수많은 부상병들 때문은 아닐까요? 그 화살에 맞아 정욕에 떨어진 군사들 때문은 아닐까요? 영적 군사가 유혹의 화살에 맞을 때, 그는 더 이상 군사로서 힘있게 전투할 수가 없습니다. 그리스도를 위하여 싸우도록 부르심을 받은 것은 과거의 일이고, 지금은 잠시 죄악의 낙을 즐기기를 더 좋아합니다. 그는 한때 그리스도의 군사요 강한 용사였으나, 지금은 그렇지 않습니다. 진리의 허리띠는 풀어지고, 의의 호심경은 팽개쳐져 있으며, 복음의 신발은 벗겨져 버렸습니다. 그리스도인이 이 악한 자의 화살에 맞을 때, 이전에는 그렇게 귀하게 여겼던 영적인 무장을 거추장스럽게 여기게 됩니다.

그는 가끔 입술로는 하나님께서 자기를 용서하시고 다시 영적인 군사로 무장시켜 달라고 구하지만, 그것은 모두 거짓된 기도일 뿐입니다. 왜냐하면 그의 속사람은 이미 불 같은 정욕의 화살에 맞아 버렸기 때문입니다. 그의 입술은 영적인 싸움을 싸우기를 구하나, 그의 육체는 이미 세상의 일락逸樂을 위하여 살기를 기뻐함으로써 자신의 기도가 말뿐임을 드러내 보여줍니다. 그것은 들릴라의 무릎을 베고 누운 채 올리는 삼손의 기도일 뿐입니다. 성경은 이런 사람들에 대하여 이렇게 말합니다. "향락을 좋아하는 자는 살았으나 죽었느니라"(딤전 5:6). 이것이 바로 우리가 "악한 자의 모든 불화살을 소멸해야" 할 이유입니다.

우리가 악한 자의 유혹의 불화살을 소멸할 수 있는 믿음에 대하여 사도는 이렇게 말합니다. "너희에게 아버지가 되고 너희는 내게 자녀가 되리라 전능하신 주의 말씀이니라 하셨느니라 그런즉 사랑하는 자들아 이 약속을 가진 우리는 하나님을 두려워하는 가운데서 거룩함을 온전히 이루어 육과 영의 온갖 더러운 것에서 자신을 깨끗하게 하자"(고후 6:18-7:1).

거룩하신 하나님이 친히 우리의 아버지가 되시고, 우리가 그분의 자녀임을 믿으면서 우리는 거룩한 삶을 좇을 수 있는 것입니다. 그 악한 자의 유혹의 불화살을 소멸할 수 있는 것입니다.

성경은 말합니다. "우리는 뒤로 물러가 멸망할 자가 아니요 오직 영혼을 구원함에 이르는 믿음을 가진 자니라 믿음은 바라는 것들의 실상이요 보이지 않는 것들의 증거니 선진들이 이로써 증거를 얻었느니라"(히 10:39-11:2). 히브리서 기자는 이렇게 말함으로써 위대한 믿음의 선진들이 믿음으로 바랄 수 없는 중에 바라고, 믿을 수 없는 가운데서 믿음으로써 '허다한 증인들'이 되었다고 증언합니다. 그들은 나라의 대적을 받기도 했으며, 의를 행하기에는 너무나 힘겨운 역경에 처하기도 했고, 하나님의 약속을 받기에 너무나 거리가 먼 듯한 상황에 있기도 했습니다. 생명이 입 벌린 사자들에 내어 준 바 되기도 했고, 대적하는 칼날의 표적이 되기도 했습니다(히 11:33-34). 그러나 그들은 믿었습니다. 그들은 믿음을 소유하고 있었고, 그 믿음은 방패가 되어 나라와 사자와 불과 칼날을 소멸했습니다.

그들은 모두 의심케 하는 사탄의 화살의 표적이 되었던 사람들입니다. 그 점에서는 우리와 동일한 처지에 있었던 사람들입니다. 때로는 환경이라는 시위에 먹인 화살이 날아들었고, 때로는 사람이라는 시위줄에서 떠난 불화살이 그들을 겨누었습니다. 그러나 그들은 우박처럼 쏟아지던 그 화살들의 공격을 이기고 허다한 믿음의 증인들이 되었습니다. 그들은 비록 죽었으나 여전히 살아서 지금 우리로 하여금 어떠한 형편 가운데서든지 그리스도만을 바라보게 하는 증거가 되고 있습니다. 무엇이 그들을 그렇게 만들었습니까? 믿음이라는 견고한 방패가 그 모든 화살의 공격으로부터 그들을 보호했던 것입니다.

| 치료하시는 주님 |

그러나 이미 이 화살에 맞아서 쓰러진 형제 자매들은 어떻게 해야 할까요? 먼저 자신이 유혹의 화살에 맞아 쓰러져 있다는 사실을 깨달으십시오. 이 화살에 맞아서 영적인 무장을 모두 잃어버렸으면, 자신에게는 싸울 수 있는 아무런 무장이 없음을 시인하십시오. 그리고 하나님을 바라보십시오. 주님은 이 악한 자의 화살을 믿음의 방패로 소멸하도록 엄중히 경고하셨지만, 또한 한때 믿음의 방패를 땅에 떨굼으로써 악한 자의 불화살에 맞은 당신의 군사들을 영원히 버리지 않으심을 기억하기 바랍니다. 주님은 경고와 함께 회복도 약속하셨습니다.

하나님은 이 사탄의 화살에 맞아 온갖 추악한 죄악에 빠졌던 고린도 교회 교인들에게 바울을 통해서 말씀하십니다. "도적이나 탐욕을 부리는 자나 술 취하는 자나 모욕하는 자나 속여 빼앗는 자들은 하나님의 나라를 유업으로 받지 못하리라 너희 중에 이와 같은 자들이 있더니 주 예수 그리스도의 이름과 우리 하나님의 성령 안에서 씻음과 거룩함과 의롭다 하심을 받았느니라"(고전 6:10-11).

악한 자의 유혹의 불화살에 맞아 부패했던 고린도 교회의 성도들에게 회복을 약속하신 그리스도께서는 이 영적 전쟁에서 잠시 믿음을 떠남으로써 부상당한 병사를 버리지 않고, 이 시간도 찾고 계십니다. 그는 전쟁을 지휘하실 뿐 아니라, 한번 전투에서 실패한 당신의 군사들을 치료하는 분이심을 믿으시기 바랍니다. 아무리 무서운 불화살이 그의 몸 깊이 박혔다 할지라도, 주님은 치료 받기를 원하는 군인들을 고치기에 능하신 의사임을 인하여 감사하시기 바랍니다. 그분은 부상당한 군사들의 몸에서 화살을 뽑으시고, 그 상처에 포도주를 부으시고, 새살이 돋게 하십니다. 주님은 우리가 싸움에서 이겼을 때뿐 아니라, 부상당했을 때조차도 우리를 위하는 분이심을 기억하시기 바랍니다.

주님의 이 사랑에 대하여 성경은 이렇게 말합니다. "그런즉 이 일에 대하여 우리가 무슨 말을 하리요 만일 하나님이 우리를 위하시면 누가 우리를 대적하리요 자기 아들을 아끼지 아니하시고 내어 주신 이가 어찌 그 아들과 함께 모든 것을 우리에게 은사로 주시지 아니하겠느냐…내가 확신하노니 사망이나 생명이나…다른 어떤 피조물이라도 우리를 우리 주 그리스도 예수 안에 있는 하나님의 사랑에서 끊을 수 없으리라"(롬 8:31-39).

당신은 영적 군사입니까?
악한 자로부터 날아오는 화살을 소멸하십시오

믿음의 '방패'만이 당신을 지켜 줍니다.

8장

구원의 투구

Put on the whole armour of God

"구원의 투구…을 가지라"
(17절).

8 구원의 투구

에베소서의 영광스러운 결론 부분을 통해 우리에게 거듭해서 주시는 말씀은 그리스도인의 삶이 본질상 영적 전쟁이라는 사실이었습니다. 우리는 모두 그리스도의 군사로서 이 싸움터에 부르심을 받았으며, 피할 수 없는 이 영적 싸움에 부르신 것을 감당하기 위해서는 여러 가지 전투 장비들로 무장되어야 한다는 것이었습니다.

하나님의 전신갑주라는 큰 범주 안에서 이제껏 제시된 모든 장비들은 모든 싸움에서 자신을 방어하기 위한 것이었습니다. 진리의 띠, 의의 호심경, 복음의 신발, 믿음의 방패 등이 그것들입니다. 오늘 말씀드리려 하는 구원의 투구 역시 방어용 장비입니다. "성령의 검, 곧 하나님의 말씀"(6:17)을 유일한 공격 무기로 제시하기에 앞서 마지막 방어 장비로서 투구를 가지라는 사도의 권면에 귀를 기울이시기 바랍니다.

사도는 마지막 방어용 장비로서 "구원의 투구"를 가지라고 말합니다. 가슴을 보호할 수 있는 호심경과 온몸을 보호할 수 있는 방패를 거론했으면서도, 나아가서 구원의 투구를 가지라고 말합니다. 이것을 마지막 방어용 군장으로 취하도록 명령하는 데는 어떤 의미가 있을까요?

"구원의 투구를 가지라"는 말은 이것을 씀으로써 모든 사탄의 공격에 대하여 최종적으로 안전해진다는 의미입니다. 이 투구를 씀으로써 군인의 지체 중 가장 치명적인 부위가 될 머리 부분을 보호하라는 것입니다. 이는 비 오듯 날아오는 "악한 자의 모든 불화살을 소멸"(6:16)한 뒤에, 우리의 머리 부분이 영적 삶에 해가 될 수 있는 생각에 사로잡히는 어리석음에 떨어져서는 안 된다는 의미입니다.

우리는 믿음의 방패를 가지고 우리를 향해 날아오는 수많은 불화살을 소멸할 뿐 아니라 구원받은 우리의 본성을 거스르며 다가오는 모든 어리석은 머리의 생각에 의해 지배를 받지 말아야 합니다. 우리의 머리, 곧 우리의 사고를 보호할 수 있어야 합니다. 하나님의 말씀이 우리에게 가르쳐 주는 것에 귀를 기울이는 대신에, 우리는 너무나 자주 쓸데없는 생각에 의해 지배를 받습니다.

사탄은 이런 식으로도 공격해 옵니다. 당신으로 하여금 그릇된 생각에 사로잡히게 만드는 것입니다. 말씀을 넘어선 공상적인 생각, 감정으로 시작되는 허황된 절망감, 자기를 향한 하나님의 선하심이 다했다는 그릇된 정죄 의식 - 이 모든 것들이 항상 우리의 머리를 겨냥합니다. 우리의 생각 속에 교묘히 파고 들어와서는, 그릇된 사고의 안개를 피워 올려서 우리의 마음속에 이미 심겨진 말씀을 가리우고, 구원의 확신까지 흔들어 놓습니다. 만약 이렇게 된다면, 모든 무장을 다 갖추고 있더라도 그는 영적인 전쟁을 수행할 확신을 잃어버리게 됩니다. 이것은 사실 한 발의 불화살을 맞는 것보다도 더 무서운 결과를 자아냅니다.

예전에 말로만 듣던 휴전선에 가 보았습니다. 통일 전망대에 올라 보니 정말 이북의 산하가 손에 잡힐 듯한 거리에 병풍처럼 펼쳐져 있었습니다. 금강산의 자태가 보이고, 해금강은 그 아름다운 산의 옷자락이 동해 바다에까지 드리워져 있었습니다. 이 모두가 일품이었습니다. 그 전망대 바로 아래에 휴전선 철책이 서 있었습니다. 그 주위에는 헤아릴 수 없이 많은 지뢰들이 묻혀 있다고 합니다. 철책 근처에는 남북한 모두 총과 중화기로 무장한 병사들이 지키고 있었습니다.

겉모양은 평화로운 해변과 구릉 지대이나, 거기에 깃든 고요함은 어떤 두려움을 느끼게 하는 것이었습니다. 철통 같은 경비는 가히 철책선에 개미 한 마리 얼씬거리지 못하게 하고도 남음이 있었습니다. 그런데 이 곳은 또한 말의 전쟁이 벌어지는 곳이기도 합니다. 요즈음은 좀 뜸해졌다는 말이 있습니다. 이전엔 양측 모두 대형 스피커 시설을 해놓고 선전을 했다는 것입니다. 이북에서는 이 방송을 이용하여 우리 국군의 사기를 꺾으려고 온갖 간계를 다 쓴다고 합니다. 어떤 때는 처량한 망향가를 틀어 주기도 하고, 또 어떤 때는 공산주의와 김일성을 찬양하는 연설을 보내기도 한다는 것입니다.

공산주의가 싫어서 자유 대한의 품으로 귀순하는 이북 군인들이 훨씬 많지만, 이상한 것은 그 옛날 간혹 이 방송을 듣고 월북을 하는 어리석은 병사가 있던 시절도 있었다고 합니다. 그들은 모두 배울 만큼 배운 사람들이고, 최신 개인 병기로 무장한 사람들입니다. 또 반공 교육을 얼마나 많이 받았겠습니까? 처음에는 이북에서 들려오는 방송 소리들을 모두 헛소리라고 생각하고 지냈습니다. 그러다가 이 어리석은 사람에게 어느 날 그 이야기가 그럴듯하게 들리고, 그래서 그 말을 믿고 어리석게도 철책을 넘어 돌아오지 못할 길을 가 버리는 것입니다. 이들의 생각이 바뀌었기 때문입니다. 그들이 이렇게 생각이 바뀌어 버린다면, 그 모든 전신갑주와 장비들이 무슨 소용이 있겠습니까? 생각을 파고들어오는 공산주의 간계로부터 자신의 머리를 보호하지 못한 때문입니다.

오래 전 제가 인도하던 어느 집회에서 있었던 일입니다. 모든 순서를 마친 후 기도 시간이었습니다. 다른 사람들은 아직도 기도를 하고 있는데, 어느 형제가 제게 다가왔습니다. 그리고 슬픈 기색으로 말했습니다. "전에는 구원을 받았는데 지금은 구원을 잃어버린 것 같습니다. 천국에 갈 자신이 없습니다. 도와주십시오." 울며 기도하면서도 그는 매우 불안해하고 있었습니다.

여러분, 우리가 범죄했을 때 사탄은 여러분의 사고에 논리적으로 공격해 오기도 합니다. '너의 죄는 너무 크므로 하나님이 구원하시지 않을 것이다.' 이런 생각이 들 때 여러분은 어떻게 하시겠습니까? 이런 절망적인 생각은 곧 여러분을 하나님과의 관계에서 회개로 나아가게 하기보다는 그러한 노력을 포기하려고 할 것입니다.

이때 어떻게 하는 것이 구원의 투구를 쓰는 것입니까? "내가 은혜로 너를 구원하였고, 나는 너를 영원히 버리지 아니하리라"는 하나님의 약속을 기억하는 것입니다. 우선 당신의 머리 속에 기억된 하나님의 말씀이 먼저라는 사실을 아는 것입니다. "너희는 그 은혜에 의하여 믿음으로 말미암아 구원을 받았으니 이것은 너희에게서 난 것이 아니요 하나님의 선물이라 행위에서 난 것이 아니니 이는 누구든지 자랑하지 못하게 함이라"(엡 2:8-9). 당신이 느끼고 있는 감정이나 여러 가지 느낌보다는 그 말씀이 진리임을 인식하는 것입니다. 그러한 사고 속에 있도록 자신을 지키는 것입니다. 그 말씀을 붙들고 능력 있게 살게 되는 것은 그 다음입니다.

그래서 성경은 오늘 우리에게 구원의 투구를 쓰라고 말합니다. 구원받은 자가 마땅히 가져야 할 사고를 지키라고 가르치고 있습니다. 우리가 구원받은 하나님의 자녀라는 확신, 그리고 구원받은 당신의 자녀에게 이미 주신 하나님의 약속들이 우리의 머리에서 떠나지 말아야 한다는 것입니다. 그런 의미에서 볼 때 성경 암송은 매우 유익한 것입니다. 이것이 바로 '구원의 투구'라는 말의 의미입니다.

당신은 구원의 투구를 쓰고 계십니까?

그 투구는 이러한 생각의 공격으로부터 당신을 보호하기에 충분합니까?

9장

말씀의 검

Put on the whole armour of God

"성령의 검
곧 하나님의 말씀을 가지라"
(17절).

9 말씀의 검

 이로써 우리는 영적 군사들이 갖추어야 할 하나님의 전신갑주 중 마지막 무기인 '성령의 검'에까지 오게 되었습니다. 우선 우리는 하나님의 전신갑주 중 성령의 검을 말하기 전에 두 가지 사실에 주목해야 합니다. 하나는 사도가 모든 방어용 장비를 말한 후에 마지막으로 이 성령의 검을 언급한 것이고, 또 하나는 이 성령의 검은 모든 전신갑주 중에 유일한 공격용 무기라는 사실입니다.

 사도는 모든 그리스도인들에게 그들의 삶이 영적 전쟁임을 가르쳤습니다. 그러므로 우리는 비무장이어서는 안 된다는 것이었습니다. 그래서 우리 허리에 띠를 둘러 주고, 우리의 가슴에 호심경을 달아 주었으며, 군화를 신겨 주었고, 악한 자가 쏜 독화살을 막을 방패를 들려 주었습니다. 그리고 마지막으로 무거운 철제 투구를 머리에 씌움으로써 완전한 군인의 모습을 갖추어 주었습니다. 이제 전쟁터에 나서도 어울릴 만한 군인이 되었습니다.

그러나 우리가 기억해야 할 것은 그것들만으로는 전혀 충분하지 않다는 것입니다. 우리는 이제 사탄의 많은 공격으로부터 자신을 보호할 수는 있게 되었지만, 우리를 이 피나는 영적인 전쟁터로 부르신 하나님의 소원은 단지 우리가 이 싸움에서 안 죽고 살아 남는 것이 아닙니다. 우리를 부르신 주님의 부르심은 "통치자들과 권세들과 이 어둠의 세상 주관자들과 하늘에 있는 악의 영들"(6:12)을 무찌르고 사탄의 군대를 파하는 것입니다. 그러고는 그 싸움터 한복판에서 그 악한 세력들의 가슴에 칼을 꽂는 것입니다. 우리를 이 영적 전쟁으로 부르신 주님의 소망은 이 땅 방방곡곡에 승리를 알리는 십자가의 깃발이 고지마다 나부끼는 것입니다. 그리하여 우리가 선한 싸움을 마치고 우리의 달려갈 길을 다 달려간 후 주님 앞에 설 때, 하늘에서 천사들이 개선 행진곡을 울려 줄 수 있도록 말입니다.

그 화려하고 늘어진 옷을 벗어 버리고 진리의 허리띠를 동여매어 날렵한 차림으로 군복을 갈아입은 것은 무엇 때문입니까? 산 넘고 물 건너 빈 사막을 거쳐 가시덤불과 자갈길을 지나오기까지 복음의 신발을 신은 까닭은 무엇입니까? 그 커다란 방패를 들고, 투구를 쓰고, 독화살이 비 오듯 날아오는 싸움터를 헤집으면서 우리는 도대체 어디로 가고 있는 것입니까? 무엇을 찾아서 그 처절한 싸움터를 지나는 것입니까? 우리가 단지 살아 남기 위해서입니까? 단지 화살을 피하기 위해서입니까?

아닙니다. 결코 그렇지 않습니다. 예수 그리스도께서 우리를 이 영적인 싸움에 군사로 부르신 것은 싸울 뿐 아니라, 그 악한 무리들의 가슴에 칼을 꽂아 더 이상 하나님의 영광을 훼방치 못하게 하기 위해서입니다. 온갖 연약함에 둘러싸여 있는 하나님의 교회와 그리스도의 귀한 지체들을 더 이상 죄 가운데로 사로잡아 오지 못하도록 하기 위해서입니다. 실로 우리의 소망은 단지 싸움터에서 견디는 것이 아니라, 승리하는 것입니다. 단지 우리가 궁극적으로 해야 할 일은 다만 이 괴로운 싸움을 인내하는 것이 아니라, 우리를 그토록 힘겹게 하는 악한 영들의 세력에 치명적인 공격을 가하는 것입니다.

하나님의 말씀

오늘 말씀은 우리에게 말합니다. "성령의 검, 곧 하나님의 말씀을 가지라" 이 부분을 헬라어 성경은 이렇게 말합니다. "성령의 그 검을 가지라 그것은 하나님의 말씀이다". 오늘 성경은 성령의 검이 곧 하나님의 말씀이라고 말합니다. 악한 자를 무찌를 수 있는 유일한 공격용 무기로서 검을 들고 있습니다. 본문의 '검'은 원래 휘둘러 사람을 베는 데 쓰이는 큰 칼이 아니라, 찌르는 데 쓰이는 작은 칼을 가리키는 말입니다.

영적 전쟁에서 그리스도인들은 이 칼로써 자신을 지킬 뿐 아니라, 또한 늘어선 대적들 곧 "통치자들과 권세들과 이 어둠의 세상 주관자들과 하늘에 있는 악의 영들"을 찔러 무찌르는 것입니다. 나아가서는 이런 졸개들뿐만 아니라 이 영적 싸움의 원흉인 그 '악한 자'의 심장에 치명적인 상처를 안겨 힘을 쓰지 못하게 하는 것도 이 '성령의 검'입니다.

하나님은 말씀하십니다. "너희가 거듭난 것은 썩어질 씨로 된 것이 아니요 썩지 아니할 씨로 된 것이니 살아 있고 항상 있는 하나님의 말씀으로 되었느니라 그러므로 모든 육체는 풀과 같고 그 모든 영광은 풀의 꽃과 같으니 풀은 마르고 꽃은 떨어지되 오직 주의 말씀은 세세토록 있도다 하였으니 너희에게 전한 복음이 곧 이 말씀이니라"(벧전 1:23-25).

이 성령의 검은 곧 하나님의 말씀입니다. 복음의 말씀이 담겨 있는 하나님의 말씀입니다. 이 말씀은 먼저 주님 자신이 말씀해 주셨고, 이제는 하나님이 세우신 종들을 통해서 우리에게 증거하도록 해주시는 하나님의 말씀입니다. 그들이 증거하는 선포가 하나님의 말씀과 일치하면 할수록, 그 선포된 말씀은 예리한 칼이 되어 우리 안팎에 있는 악한 세력들을 무찌르는 것입니다.

먼저 오늘 본문은 이러한 영적 싸움에서 우리가 공격하는 데 필수적인 이 무기를 하나님의 말씀이라고 증거하고 있습니다. 우리의 삶을 실패하게 하는 영적 세력을 처치하고, 이러한 긴박한 영적 전쟁에서 우리로 하여금 승리하게 하는 하나님의 방편이 곧 진리의 말씀이라고 가르쳐 주고 있습니다. 우리는 이것을 '하나님의 말씀'이라고 한 말에 유의해야 합니다. 그토록 싸움에 요긴한 공격용 무기인 말씀이 '하나님의'라는 말로써 그 말씀의 주인이요 근원 되시는 이가 누구인지를 보여줍니다.

하나님의 말씀 이 말은 우선 우리에게 영적 전쟁에 필요한 진리가 오직 하나님께로부터 온 것일 때에만 유익을 준다는 사실을 보여 줍니다. 이 세상에는 많은 학식을 가진 사람도 있고, 누구보다 많은 신앙의 경력을 자랑하는 사람들도 있습니다. 교회 생활에 대한 풍부한 체험을 가진 사람들도 많고, 기독교에 대한 해박한 이해를 가진 이들도 있습니다. 이들은 저마다 하고 싶은 이야기가 있고, 내놓을 말들을 갖고 있는 사람들입니다. 그리고 그들의 말에는 일리가 있을 것입니다.

그러나 오늘 성경은 우리의 영적인 싸움에 이런 것들이 공격용 무기의 역할을 할 수 있다고 가르쳐 주지 않습니다.

성경은 그런 것들에 관심을 보이지 않습니다. 영적 전쟁에서 승리를 쟁취하는 것은 그런 인간의 상식을 통해서가 아니기 때문입니다. 인간의 생각과 세상의 상식은 아무리 합리적이고 그럴듯해도, 막상 이 영적인 전쟁에 직면해서는 그 한계를 드러내고야 맙니다. 육신적인 그리스도인들의 상식과 경험은 이 다급한 영적 전쟁에서 우리를 지켜 주지 못합니다. 왜냐하면 우리의 씨름은 혈과 육에 대한 것이 아니고 영들에게 대한 것이기 때문입니다.

우리의 무기는 오직 하나님의 말씀입니다. "통치자들과 권세들과 이 어둠의 세상 주관자들과 하늘에 있는 악의 영들을 상대"하는 싸움에서 그들을 무찌를 수 있는 것은 오직 하나님께로 말미암은 진리의 말씀뿐임을 보여줍니다. 우리가 붙들고 있는 말씀이 순전한 하나님의 말씀일수록, 그 말씀의 검은 끝이 예리하고 몸체가 튼튼하여 수많은 적을 무찔러도 여전히 그 칼날이 빛을 발할 것입니다. 그렇습니다. 지금 우리에게 필요한 것은 순수하고 정미精美한 하나님의 말씀입니다. 너저분한 인간의 상식에 의하여 혼탁해진 하나님의 말씀이 아닙니다. 자신의 생각의 체에 걸러져 진리 자체가 뒤틀린 말씀이 아니라, 있는 그대로의 하나님의 말씀입니다.

영적 싸움에서 필요한 무기는 성경 본문에 대한 강론을 통하여 성경의 본래 의미가 더 장엄하게 드러나고, 그렇게 드러난 하나님의 말씀의 내용 위에 성령께서 역사하사 사람들로 하여금 깨닫지 못했던 진리의 세계를 보게 하시고, 체험하게 하시는 말씀입니다. 그리하여 듣는 이들의 눈이 밝아져 예수 그리스도의 성품을 알게 되고, 저희로 하여금 "우리에게 말씀하시고 우리에게 성경을 풀어 주실 때에 우리 속에서 마음이 뜨겁지 아니하더냐"(눅 24:32)라고 말하지 않을 수 없게 하는 역사가 일어날 때, 우리는 그 말씀으로 승리하게 되는 것입니다. 단지 돌비에 새겨진 의문儀文의 말씀이 아니라, 심령에 불붙어 감동으로 다가와 우리의 삶을 사로잡은 말씀입니다.

그러므로 성도들은 마땅히 이렇게 순전한 하나님의 말씀을 듣고 깨닫기를 사모해야 합니다. 성경은 우리에게 말합니다. "그러므로 모든 악독과 모든 기만과 외식과 시기와 모든 비방하는 말을 버리고 갓난 아기들 같이 순전하고 신령한 젖을 사모하라…"(벧전 2:1-2상).

하나님의 주권을 드러냈던 참된 영적 부흥이 한 시대를 쓸고 지나가던 때에 사람들은 이 순전한 하나님의 말씀의 소중함을 체험했습니다. 그 순전한 하나님의 말씀만이 영혼을 변화시키고 어둠의 세력들에게 도전할 수 있게 한다는 사실을 깨달았습니다. 그들의 관심은 기독교적 삶에 대한 한 견해가 아니라, 하나님의 말씀이 무엇을 말하고 있느냐는 것이었습니다. 기롤라모 사보나롤라 마틴 루터와 칼빈의 시대에 무엇보다도 설교집이 많이 읽힌 것은 바로 이 때문이었습니다. 영적 전쟁터에 서 있는 군사인 당신의 모습은 지금 어떠합니까? 당신의 손에는 이 악한 자들이 다가올 때 찌를 예리한 검이 들리워져 있습니까? 당신을 보호하기에 충분한 하나님의 말씀이 당신의 삶을 붙들고 있습니까?

여러분은 그리스도께서 우리의 구원 사역을 위하여 공생애를 시작하기 전에 광야에서 시험 받으신 사건을 기억하실 것입니다. 성경은 말합니다. "예수께서 세례를 받으시고 곧 물에서 올라오실새 하늘이 열리고 하나님의 성령이 비둘기 같이 내려 자기 위에 임하심을 보시더니 하늘로부터 소리가 있어 말씀하시되 이는 내 사랑하는 아들이요 내 기뻐하는 자라 하시니라 그 때에 예수께서 성령에게 이끌리어 마귀에게 시험을 받으러 광야로 가사 사십 일을 밤낮으로 금식하신 후에 주리신지라 시험하는 자가 예수께 나아와서 이르되 네가 만일 하나님의 아들이어든 명하여 이 돌들로 떡덩이가 되게 하라"(마 3:16-4:3).

하늘에서 하나님이 예수 그리스도가 바로 당신의 아들임을 확인해 주시고, 그가 행하고자 하는 일들을 기뻐하는 것을 인정해 주시는 바로 그때에, 예수님은 마귀에게 시험을 받기 위하여 광야로 가셨습니다.

그가 첫 번째 시험을 합니다. "네가 만일 하나님의 아들이어든 명하여 이 돌들로 떡덩이가 되게 하라." 그러나 예수님은 먹을 것의 결핍을 소재로 시험해 오는 마귀의 시험을 말씀으로 이기셨습니다. "예수께서 대답하여 이르시되 기록되었으되 사람이 떡으로만 살 것이 아니요 하나님의 입으로부터 나오는 모든 말씀으로 살 것이라"(마 4:4). 이 말씀은 문자 그대로 하나님의 말씀이었습니다. 인간의 생각과 소망이나 편견에 의하여 가감되지 않은 순전한 하나님의 말씀이었습니다. 율법서에 기록된 하나님의 말씀을 증거하심으로써, 당신 자신을 그 진리에 붙들어 매시고 마귀를 공격하는 칼로써 사용하셨습니다.

그러자 그 악한 자는 두 번째로 도전했습니다. 마귀의 간교한 시험을 보십시오. "이에 마귀가 예수를 거룩한 성으로 데려다가 성전 꼭대기에 세우고 이르되 네가 만일 하나님의 아들이어든 뛰어내리라 기록되었으되 그가 너를 위하여 그의 사자들을 명하시리니 그들이 손으로 너를 받들어 발이 돌에 부딪치지 않게 하리로다 하였느니라"(마 4:5-6).

그는 예수님께서 "기록되었으되"라는 말로써 참된 하나님의 말씀에 호소하는 것을 보면서 그것을 흉내내었습니다. 그러면서 그는 또한 시편에 나오는 말씀을 인용했습니다. 그러나 그가 인용한 말씀은 비록 하나님의 말씀이었다고 할지라도 그 하나님 말씀의 적용은 지극히 악하고 잘못된 것이었습니다. 예수님께서는 또 다른 하나님의 말씀을 선포하심으로써 순전한 말씀을 사악하게 적용함으로 말씀으로 말씀 되지 못하게 하는 마귀의 간계에 일격을 가하셨습니다. 성경은 말합니다. "예수께서 이르시되 또 기록되었으되 주 너희 하나님을 시험하지 말라 하였느니라"(마 4:7).

이처럼 마귀는 우리가 순전한 하나님의 말씀을 소유하는 것을 두려워합니다. 그리하여 할 수만 있으면 우리로 하여금 그 말씀에 가까이 근접하지 못하게 하고 우리의 사고 속에 그릇된 사고의 안개를 피워 올려서, 우리의 영혼으로 순전한 하나님의 말씀과 대면하지 못하게 하려고 안간힘을 씁니다.

마귀가 두려워하는 것은 우리 속에 있는 어떤 개인적인 확신이나 신념이 아닙니다. 사상이나 삶의 태도도 아닙니다. 마귀가 두려워하는 것은 우리 안에 있는 순전한 하나님의 말씀입니다. 우리가 아무리 기독교에 대한 다양한 견해들을 소유하고 있다고 할지라도, 마귀는 그런 것들을 두려워하지 않습니다. 하나님의 말씀 위에 서지 않은 수많은 사상과 생각들은 개념과 생각의 혼란만을 더할 뿐입니다.

이 치열한 영적 전쟁에서 그런 것들은 도움이 되지 않습니다. 그는 이미 우리 안에 있는 하나님의 말씀도 할 수 있으면 혼잡케 하여 우리 마음 가운데 있어 믿음의 원천이 되지 못하게 하려고 힘씁니다. 그래서 어린아이와 같이 순전하게 받아들여졌던 순수한 하나님의 말씀이 여러 가지 그릇된 인간의 사상과 상식에 의하여 불순하게 섞여지기를 바라며, 그 일을 위하여 노력합니다. 그렇게 함으로써 우리로 하여금 하나님의 순전한 말씀을 소유하는 데 실패하게 하고, 그래서 우리로 하여금 그를 공격할 칼을 잃어버리게 만드는 것입니다. 그들에게 두려운 것은 방어용 군장이 아니라, 이 유일한 공격용 무기인 말씀의 검이기 때문입니다. 당신 안에 하나님의 말씀이 순전히 거하게 하십시오. 이것이 바로 영적인 전쟁에서 승리하는 비결입니다.

'하나님의 말씀'이라는 말이 주는 또 하나의 도전이 있습니다. 그것은 말씀을 전하는 사람들에게 주는 경고입니다. 이렇게 섞이지 않은 신령하고 순전한 하나님의 말씀이 영적 전쟁에 임하는 군사인 그리스도인들에게 풍성히 거하게 하기 위해서는 말씀을 전하는 자들의 역할이 중요합니다. 순전하게 하나님의 말씀을 증거할 수 있어야 합니다. 설교 시간을 통하여 혹은 복음을 전파함으로 구원의 소식을 알리는 일에 있어서 자신들의 말이 순전한 하나님의 말씀이 되기를 힘써야 합니다. 그들은 단지 하나님에 관하여 말하기 위하여 부름

받은 것이 아니라, 하나님의 말씀을 통하여 역사하시는 하나님을 보여주기 위하여 부름 받은 사람들입니다. 이 일을 위하여 그들이 전하는 하나님의 말씀은 우선 순전한 하나님의 말씀이어야 합니다.

섞이지 않은 채 진리의 핵심을 알려 주고, 말씀의 깊은 것을 말씀이 가지고 있는 그대로 드러내 줌으로써 하나님의 말씀을 설교하는 과정을 거치더라도 여전히 하나님의 말씀이 되도록 힘써야 합니다. 우리와 같은 고민을 하던 사도는 말합니다. "우리는 구원 받는 자들에게나 망하는 자들에게나 하나님 앞에서 그리스도의 향기니 이 사람에게는 사망으로부터 사망에 이르는 냄새요 저 사람에게는 생명으로부터 생명에 이르는 냄새라 누가 이 일을 감당하리요 우리는 수많은 사람들처럼 하나님의 말씀을 혼잡하게 하지 아니하고 곧 순전함으로 하나님께 받은 것 같이 하나님 앞에서와 그리스도 안에서 말하노라"(고후 2:15-17).

온갖 성령의 은사들을 체험하고 있던 이 고린도 교회뿐만 아니라, 어디서든지 하나님의 말씀을 순전하게 드러내지 않고 혼잡케 하는 자들이 있었습니다. 수다한 사람들이 그렇게 말씀을 전했습니다. 사도는 그들을 경고로 삼으면서 한 가지 소원으로 말씀을 전했습니다. 그것은 정미精美한 하나님의 말씀을 혼잡케 하지 않고 순전하게 하나님께 받은 그대로를 전하는 것이었습니다. 같은 사도가 지금 에베소서를 통하여 그런 '하나님의 말씀'을 소유하도록 강력히 촉구하고 있는 것입니다. 그러므로 우리는 그토록 많은 설교와 가르침에도 불구하고 영적인 전선이 밀물이 들어가듯이 적진을 향해 밀려들어가지 못하는 이유를 여기에서 찾아야 하는 것입니다.

순전한 하나님의 말씀은 좌우에 날이 예리하게 선 검과 같습니다. 성경은 이렇게 들려진 말씀의 검의 위력에 대하여 말합니다. "하나님의 말씀은 살아 있고 활력이 있어 좌우에 날선 어떤 검보다도 예리하여 혼과 영과 및 관절과 골수를 찔러 쪼개기까지 하며 또 마음의 생각과 뜻을 판단하나니"(히 4:12).

사도가 '하나님의 말씀'이라는 말을 통하여 우리에게 가르쳐 주는 것은 아주 평범한 교훈입니다. 그러나 그것은 영적 싸움에서 작전 지령과도 같은 치명적인 교훈입니다. "하나님의 자녀를 순전한 하나님의 말씀으로 무장시키라. 그것이 영적 전쟁에서 적을 무찌르는 유일한 방편이다."

성령의 검

사도가 우리에게 촉구한 내용을 다시 한 번 살펴봅니다. "성령의 검 곧 하나님의 말씀을 가지라" 사도 바울은 하나님의 말씀과 성령의 검을 같은 의미를 가진 말로써 반복하여 사용하면서 그것을 "…가지라"고 촉구했습니다. 사도가 '성령의 검'이라고 한 비유적 표현을 '하나님의 말씀'이라는 말보다 앞서 기록한 것은 앞에 언급된 전신갑주의 모든 전투 장비들이 한결같이 비유적인 표현으로 기록되었기 때문입니다. "그런즉 서서 진리로 너희 허리 띠를 띠고 의의 호심경을 붙이고 평안의 복음이 준비한 것으로 신을 신고 모든 것 위에 믿음의 방패를 가지고 이로써 능히 악한 자의 모든 불화살을 소멸하고 구원의 투구와 성령의 검 곧 하나님의 말씀을 가지라"(6:14-17). 다른 전투 장비들은 한 번씩만 언급되었는데, 하나님의 말씀은 성령의 검이라는 말로 다시 한 번 자세히 설명되는 것을 봅니다.

'성령의 검'이 의미하는 바가 무엇입니까? '하나님의 말씀'이라는 말 앞에 붙어 있는 이 부가적인 표현이 우리에게 주는 의미가 무엇일까요? 우리는 이 질문에 답하기 전에, 악한 영들과의 전쟁인 이 영적 싸움에서 우리로 하여금 참전하게 하고, 지칠 줄 모르는 불굴의 투지로 전쟁터를 누비게 하는 그 원동력이 어디서 나는지에 대해서 생각해야 합니다. 악한 세력들로 퇴각하지 않을 수 없게 하고, 하나님의 통치가 온전히 이루어지는 하나님의 나라는 어떻게 오는지에 대해서 생각해야 합니다. 통치자들과 권세들과 이 어둠의 세상 주관자들을 대적하게 하는 우리의 힘의 근원은 무엇입니까?

그것은 오직 성령의 능력입니다. 그래서 구원받지 못한 넓은 세상을 남겨 두고 승천하시는 주님은 당신이 떠나가신 후 이 세상에서 어떻게 복음이 전해질지를 보여주셨습니다. 어떻게 하나님의 나라가 이루어질 것인지를 이미 보여주셨습니다. "오직 성령이 너희에게 임하시면 너희가 권능을 받고 예루살렘과 온 유대와 사마리아와 땅 끝까지 이르러 내 증인이 되리라"(행 1:8).

사도는 말합니다. "내 말과 내 전도함이 설득력 있는 지혜의 말로 하지 아니하고 다만 성령의 나타나심과 능력으로 하여 너희 믿음이 사람의 지혜에 있지 아니하고 다만 하나님의 능력에 있게 하려 하였노라"(고전 2:4-5).

본질적으로 이 전쟁은 성령의 전쟁입니다. 죄인들에게 복음이 전해지고, 그 복음을 들을 때 깊이 참회하고 하나님께로 돌아오는 역사가 무엇을 통하여 나타납니까? 성령을 통하여 일어나지 않습니까? 우리는 이 영적인 전쟁에서 다만 하나님의 성령에 붙잡힌 도구에 지나지 않는 것입니다. 이 전쟁은 혈과 육에 속한 싸움이 아닙니다. 이 전쟁은 오직 영적인 전쟁입니다. 하나님의 군사들을 전신갑주로 무장시키시는 분도 성령이십니다. 아버지와 아들로부터 보내심을 받은 성령을 통해서, 우리는 이러한 값진 하늘나라의 전투 장비로 무장되는 것입니다. 누구든지 하늘로부터 오는 성령의 능력을 힘입지 않고서는 강한 군사가 될 수 없음을 알아야 합니다.

그러므로 '성령의 검'이라는 표현은 우리로 하여금 성령과 말씀의 관계를 생각하게 합니다. 이 말의 의미는 이런 것입니다. 하나님의 말씀이라는 검은 성령이 쓰시는 도구라는 말씀입니다. 나아가서 이 하나님의 말씀이라는 칼은 성령의 손에 붙잡힐 때에만 비로소 악한 권세들을 찔러 쪼갤 수 있는 무기가 된다는 것입니다.

성경은 하나님의 말씀입니다. 이것은 객관적으로도 진리입니다. 세상 사람들이 믿어 주건 말건 성경은 불변하는 진리이고, 인생들이 동의하건 말건 간에 말씀은 기록된 대로 이루어질 것입니다. 그리고 누구도 그것을 막지 못할 것입니다. 그러나 우리의 영적인 전쟁에서 우리를 멸하기 위하여 도전해 오는 악한 영들을 무찌르기 위해서는, 그 말씀이 우리의 마음속에 있고 그리고 성령께서 그 말씀을 붙들어 사용하실 때, 그 말씀은 악한 영들을 찌르는 칼과 베이는 검이 된다는 말입니다.

따라서 말씀에 대한 우리의 지식은 매우 중요합니다. 성령께서는 영적 상황에 따라서 우리에게 승리를 주기 위해 다양한 검을 사용하기를 원하십니다. 우리 안에 말씀에 대한 풍성한 지식이 필요한 것도 바로 이 때문입니다. 때로는 자르는 칼을 원하시기도 하고, 때로는 쪼개는 칼을 필요로 하실 때도 있습니다. 때로는 찌르는 단검을 원하시기도 하고, 어떤 때는 베는 큰 칼을 쓰고자 하시는 경우도 있습니다.

우리는 순간순간 성령에 민감한 사람들이 되어서, 그 칼들을 사용하고자 손을 내미시는 성령께서 언제든지 사용하실 수 있도록 쓰심에 합당한 말씀의 검을 준비하는 자들이 되어야 합니다. 죄악의 종기를 부여안고 살아가는 탕자와 같은 이들을 고치기 위해서 주님은 때로 예리하게 날 선 작은 칼을 원하실 것입니다. 이러한 말씀의 칼도 우리는 준비하고 있어야 합니다. 때로는 솥뚜껑을 엎어놓은 것 같은 강퍅한 가슴을 가지고 살아가는, 무지무각하기가 끔찍한 죄인들의 심령을 찔러 쪼개 회개하는 마음으로 엎드리게 하기 위해서는 아주 육중한 창칼을 요구하실지도 모릅니다. 우리는 이러한 말씀의 검도 마련해 두어야 합니다. 다가오는 악한 세력들이 노도와 같을 때는 단창이나 짧은 칼이 아니라 한번에 무수한 적군의 목을 벨 수 있는 좌우에 날 선 긴 칼을 원하실지도 모릅니다. 우리는 이러한 성령의 요구에도 부응할 수 있도록 그런 말씀의 칼도 갖고 있어야 합니다.

사랑하는 형제 자매들이여! 아무리 예리하고 번뜩이며 좌우가 서슬이 퍼런 검이라 할지라도 그것 자체가 영적 전쟁에서 이기게 하는 비결이 될 수는 없습니다. 오직 그 좋은 칼들이 거룩한 능력의 영이신 성령의 강한 손에 붙잡힐 때 비로소 검으로서의 진가를 발휘하게 됩니다. 전황에 맞게 준비된 칼과 그것을 손에 잡고 사용하는 성령이 함께 하시는 영적 전쟁! 생각만 해도 가슴 시리는 감동이 아닐 수 없습니다.

우리 마음의 벽장에 진열되어 조용히 누워 있던 그 칼들이 능력의 성령의 손에 붙들리자마자 영적 전쟁의 판도는 놀랍게 뒤집히기 시작합니다. 우리 안에 거처를 삼고자 호시탐

탐 마음의 창가에서 기회를 노리던 악령의 세력들이 성령의 손을 떠나 쏜살같이 날아간 비수에 맞아 피 흘리며 창 밖으로 떨어집니다. 우리의 주위를 마음대로 배회하던 악한 영의 세력들이 우리가 말씀을 전할 때마다 성령께서 휘두르시는 말씀의 칼에 맞아 피를 뿜으며 거꾸러지고, 여기저기에서 치명적인 상처를 받아 다 죽게 된 몸을 이끌고 호각을 불며 퇴각하는 수많은 어둠의 세력들을 보게 됩니다.

그들이 오래도록 소유권을 행사하던 심령들은 말씀을 들을 때마다 역사하시는 성령의 능력으로 말미암아 다시 탈환되고 소제됩니다. 그리고 하나님을 찬양하는 거룩한 성전으로 변화되어 하나님을 향한 경배와 찬양이 울려퍼지는 천국이 됩니다. 이것이 바로 영적인 승리의 결국입니다.

그렇습니다. 단지 하나님의 말씀을 지식으로 아는 일에 그치는 것으로는 충분치 않습니다. 그것은 하나님을 떠난 세상이나 영적인 회복을 필요로 하는 교회에게나 모두 충분치 않습니다. 지금 우리에게 필요한 것은 돌비에 새겨진 의문儀文을 알고 온 자들이 아니라, 하나님의 말씀을 소유한 자들입니다. 성령이 마음에 역사하사 말씀을 영혼 깊이 체험하고 그 진리에 붙들린 사람들입니다. 영적인 전쟁터로 나아가는 우리에게 필요한 것은 성경책의 무기고에 진열된 수많은 검이 아니라, 직접 우리가 우리의 손에 소유하고 있는 말씀입니다. 우리가 직접 그 생생한 하나님의 말씀으로부터 순전한 생명의 말씀을 영혼으로 체험하고, 그래서 그 말씀에 붙들려 매이지 않을 수 없게 된 그런 말씀입니다. 말씀이 성령의 검이 되어서 나의 심령 깊은 곳을 움직여 내 영혼을 뒤흔들어 깨우는 말씀이 되고, 우리가 이렇게 영혼의 체험으로 깨닫게 된 말씀을 전하고 증거할 때마다 외치는 내용을 붙드시는 성령을 통해서 영적 전쟁을 승리로 이끌게 되는 것입니다.

그러므로 우리는 여기서 영적 전쟁을 승리로 이끌기 위한 중요한 전략을 발견하게 됩니다. 그것은 하나님의 말씀을 전하는 사람들은 마땅히 성령의 사람이 되어야 한다는 것입니다. 그가 소유한 하나님의 말씀이 단지 돌비에 새겨진 의문이 아니라, 영혼을 변화시키고 도전하는 악한 권세들을 멸하는 말씀이 되기 위해서 그는 특별한 성령의 사람이 되어야 합니다. 이같이 하나님의 말씀을 소유하고 성령에 의하여 기름부은 바 된 사람이야말로 이 시대의 교회와 세상이 간절히 필요로 하는 사람입니다. 이를 통하여 하나님은 사람들의 영혼에 변화를 주시고, 그리하여 하나님의 말씀을 전하고 복음을 증거하는 일에 있어서 그릇된 동기를 모두 정화시켜 주십니다.

이러한 성령의 역사하심을 통하여 그의 가슴 속에 담겨 있던 하나님의 말씀은 그가 입을 열어 진리를 말할 때 타오르는 듯한 광채를 뿜어내는 위대한 보검이 됩니다. 하나님의 순전한 말씀이 성령의 손에 붙잡힐 때, 그가 전하는 말씀과 증거하는 복음 앞에서 수많은 회중들이 깨어나고, 그들의 마음은 말씀이 불러일으킨 거룩한 고민과 경건한 슬픔으로 하나님을 찾게 됩니다. 회중의 양심을 찌르고, 두려움에 떨게 하고, 하나님의 위로를 갈망하게 합니다. 생명의 근원이 되신 그리스도를 버린 것과 스스로 물을 저축할 수 없는 웅덩이를 판 죄로 인하여 가슴 아파하게 합니다(렘 2:13). 여호와를 버림과 자신 속에 하나님을 경외함이 없는 것을 인하여 고통하는 영혼이 되어 돌이키게 하시는 하나님의 손길을 그리워하게 합니다.

광야의 시험을 승리로 마치고 "성령의 능력으로 갈릴리로 돌아가시던"(눅 4:14) 주님이 말씀을 전하시던 장면을 기억해 보십시오. 성경은 말합니다. "…안식일에 가르치시매 그들이 그 가르치심에 놀라니 이는 그 말씀이 권위가 있음이러라… 예수께서 꾸짖어 이르시되 잠잠하고 그 사람에게서 나오라 하시니 귀신이 그 사람을 무리 중에 넘어뜨리고 나오되 그 사람은 상하지 아니한지라"(눅 4:31-35).

예수님은 성령의 권능으로 충만하셨고, 성령은 그분의 입술에서 나오는 모든 말씀의 검을 붙들어 사용하셨습니다. 어둠의 세력들은 영적인 전쟁에서 형편없이 패배하며 퇴각하지 않을 수 없었습니다. 이것들은 모두 하나님의 말씀이 성령의 손에 붙들린 예리한 검이 될 때 어떤 일이 일어나는지를 보여줍니다.

우리가 말씀을 대할 때 마음을 특별하게 해야 하는 이유도 바로 이 때문입니다. 우리가 이 세상과 육신과 싸울 수 있는 무기도 바로 하나님의 말씀입니다. 성경은 말합니다. "청년이 무엇으로 그의 행실을 깨끗하게 하리이까 주의 말씀만 지킬 따름이니이다 내가 전심으로 주를 찾았사오니 주의 계명에서 떠나지 말게 하소서 내가 주께 범죄하지 아니하려 하여 주의 말씀을 내 마음에 두었나이다"(시 119:9-11). 말씀을 대할 때마다 우리는 그 시간을 통하여 영적인 전쟁에서 악한 세력들을 공격하기 위한 무기를 공급받는 시간이 오직 그 시간밖에 없음을 기억해야 합니다.

오늘 에베소 교회의 성도들과 신실한 자들을 영적인 전쟁터로 부르고 있는 말씀을 통해서 우리를 또한 그리스도의 군사로 부르고 있는 사도는, 이 말씀의 검으로 영적인 대적들을 무찔러 승리한 증인입니다. 확장되는 하나님의 나라의 최전선에는 언제나 이렇게 말씀의 검을 뽑아 휘두르며 진군하는 용감한 군사들이 있었습니다. 그들은 스스로 후방에서의 안일한 삶을 포기하고 독화살이 비 오듯 날아들고 사방에 덫이 놓인 전쟁터로 나와 싸우기를 자처한 사람들이었습니다. 그들 안에 있는 말씀의 능력은, 우리를 대적해 오고 교회의 영권을 위협해 오는 모든 악한 세력들의 가슴에 칼을 꽂아 죽은 자와 다름없이 만들어 버렸습니다. 하나님의 말씀은 흥왕하고 더 많은 영혼들이 교회로 들어왔습니다.

생각해 보십시오. 우리 앞에 놓인 이 장엄한 전쟁을 외면하고 육체의 욕심을 따라 안락한 삶을 살기를 원하는 덧없는 욕망의 닻줄을 끊어 버리고 그리스도의 군사로 입대하게 하는 것이 무엇입니까? 무엇을 통하여 그런 일이 일어납니까? 우리가 마땅히 가야 하나 갈 바를 알지 못하고 주님을 떠나서 방황하며 삶의 지표를 잃었을 때, 무엇이 인생의 망망한 밤바다에 비춰지는 등대가 됩니까? 무엇이 우리를 삼키려고 우는 사자와 같이 으르렁거리는 마귀의 권세 앞에 담대히 도전장을 내놓을 수 있게 합니까? 하나님의 항상 있고 살아 있는 말씀, 성령의 손에 붙들린 말씀의 검 이외에는 아무것도 이 일을 할 수 없음을 기억해야 합니다.

우리가 얼마나 많은 날들을 이러한 말씀의 칼 없이, 영적인 전쟁에서 적군의 포로가 된 채 어둠과 눈물의 세월을 보냈습니까? 얼마나 많은 고귀한 시간들을 하나님을 위하여 사는 대신 하나님의 나라를 위한 영적인 전쟁의 거치는 방해물로 지내왔습니까? 우리의 인생은 이 세상 끝 날까지 영적인 전쟁의 연속입니다.

우리의 목표는 승리 이외에 아무것도 없습니다.
당신은 이 성령의 검을 받아야 합니다.

말씀을 향한 당신의 마음은 그것을 받기에 충분합니까?

Put on the whole armour of God